I0232663

AFRICÂNER
VOCABULÁRIO

PORTUGUÊS BRASILEIRO

PORTUGUÊS AFRICÂNER

Para alargar o seu léxico e apurar as suas competências linguísticas

5000 palavras

Vocabulário Português Brasileiro-Africâner - 5000 palavras

Por Andrey Taranov

Os vocabulários da T&P Books destinam-se a ajudar a aprender, a memorizar, e a rever palavras estrangeiras. O dicionário é dividido em temas, cobrindo todas as principais esferas de atividades quotidianas, negócios, ciência, cultura, etc.

O processo de aprendizagem, utilizando os dicionários baseados em temáticas da T&P Books dá-lhe as seguintes vantagens:

- Informação de origem corretamente agrupada predetermina o sucesso em fases subsequentes da memorização de palavras
- Disponibilização de palavras derivadas da mesma raiz, o que permite a memorização de unidades de texto (em vez de palavras separadas)
- Pequenas unidades de palavras facilitam o processo de estabelecimento de vínculos associativos necessários para a consolidação do vocabulário
- O nível de conhecimento da língua pode ser estimado pelo número de palavras aprendidas

T&P Books Publishing
www.tpbooks.com

ISBN: 978-1-78767-363-2

Este livro também está disponível em formato E-book.
Por favor visite www.tpbooks.com ou as principais livrarias on-line.

VOCABULÁRIO AFRICÂNER
palavras mais úteis

Os vocabulários da T&P Books destinam-se a ajudar a aprender, a memorizar, e a rever palavras estrangeiras. O vocabulário contém mais de 5000 palavras de uso comum organizadas tematicamente.

O vocabulário contém as palavras mais comummente usadas
Recomendado como adicional para qualquer curso de línguas
Satisfaz as necessidades dos iniciados e dos alunos avançados de línguas estrangeiras
Conveniente para o uso diário, sessões de revisão e atividades de auto-teste
Permite avaliar o seu vocabulário

Características especias do vocabulário

* As palavras estão organizadas de acordo com o seu significado, e não por ordem alfabética
* As palavras são apresentadas em três colunas para facilitar os processos de revisão e auto-teste
* As palavras compostas são divididas em pequenos blocos para facilitar o processo de aprendizagem
* O vocabulário oferece uma transcrição simples e adequada de cada palavra estrangeira

O vocabulário contém 155 tópicos incluindo:

Conceitos básicos, Números, Cores, Meses, Estações do ano, Unidades de medida, Roupas & Acessórios, Alimentos & Nutrição, Restaurante, Membros da Família, Parentes, Caráter, Sentimentos, Emoções, Doenças, Cidade, Passeios, Compras, Dinheiro, Casa, Lar, Escritório, Trabalho no Escritório, Importação & Exportação, Marketing, Pesquisa de Emprego, Esportes, Educação, Computador, Internet, Ferramentas, Natureza, Países, Nacionalidades e muito mais ...

TABELA DE CONTEÚDOS

GUIA DE PRONUNCIAÇÃO

Alfabeto fonético T&P	Exemplo africâner	Exemplo Português
[a]	land	chamar
[ã]	straat	rapaz
[æ]	hout	semana
[o], [ɔ]	Australië	noite
[e]	metaal	metal
[ɛ]	aanlê	mesquita
[ə]	filter	milagre
[ɪ]	uur	sinônimo
[i]	billik	sinônimo
[ĩ]	naïef	cair
[o]	koppie	lobo
[ø]	akteur	orgulhoso
[œ]	fluit	orgulhoso
[u]	hulle	bonita
[ʊ]	hout	bonita
[b]	bakker	barril
[d]	donder	dentista
[f]	navraag	safári
[g]	burger	gosto
[h]	driehoek	[h] aspirada
[j]	byvoeg	Vietnã
[k]	kamera	aquilo
[l]	loon	libra
[m]	môre	magnólia
[n]	neef	natureza
[p]	pyp	presente
[r]	rigting	riscar
[s]	oplos	sanita
[t]	lood, tenk	tulipa
[v]	bewaar	fava
[w]	oorwinnaar	página web
[z]	zoem	sésamo
[dʒ]	enjin	adjetivo
[ʃ]	artisjok	mês
[ŋ]	kans	alcançar
[tʃ]	tjek	Tchau!
[ʒ]	beige	talvez
[x]	agent	fricativa uvular surda

ABREVIATURAS
usadas no vocabulário

Abreviaturas do Português

adj	-	adjetivo
adv	-	advérbio
anim.	-	animado
conj.	-	conjunção
desp.	-	esporte
etc.	-	Etcetera
ex.	-	por exemplo
f	-	nome feminino
f pl	-	feminino plural
fem.	-	feminino
inanim.	-	inanimado
m	-	nome masculino
m pl	-	masculino plural
m, f	-	masculino, feminino
masc.	-	masculino
mat.	-	matemática
mil.	-	militar
pl	-	plural
prep.	-	preposição
pron.	-	pronome
sb.	-	sobre
sing.	-	singular
v aux	-	verbo auxiliar
vi	-	verbo intransitivo
vi, vt	-	verbo intransitivo, transitivo
vr	-	verbo reflexivo
vt	-	verbo transitivo

CONCEITOS BÁSICOS

Conceitos básicos. Parte 1

1. Pronomes

eu	ek, my	[ɛk], [maj]
você	jy	[jaj]
ele, ela	hy, sy, dit	[haj], [saj], [dit]
nós	ons	[ɔŋs]
vocês	julle	[jullə]
o senhor, -a	u	[u]
senhores, -as	u	[u]
eles	hulle	[hullə]
elas	hulle	[hullə]

2. Cumprimentos. Saudações. Despedidas

Oi!	Hallo!	[hallo!]
Olá!	Hallo!	[hallo!]
Bom dia!	Goeie môre!	[χuje mɔrə!]
Boa tarde!	Goeiemiddag!	[χuje·middaχ!]
Boa noite!	Goeienaand!	[χuje·nãnt!]
cumprimentar (vt)	dagsê	[daχsɛ:]
Oi!	Hallo!	[hallo!]
saudação (f)	groet	[χrut]
saudar (vt)	groet	[χrut]
Como vai?	Hoe gaan dit?	[hu χãn dit?]
E aí, novidades?	Hoe gaan dit?	[hu χãn dit?]
Tchau!	Totsiens!	[totsiŋs!]
Até logo!	Koebaai!	[kubãi!]
Até breve!	Totsiens!	[totsiŋs!]
Adeus! (sing.)	Mooi loop!	[moj loəp!]
Adeus! (pl)	Vaarwel!	[fãrwel!]
despedir-se (dizer adeus)	afskeid neem	[afskæjt neəm]
Até mais!	Koebaai!	[kubãi!]
Obrigado! -a!	Dankie!	[danki!]
Muito obrigado! -a!	Baie dankie!	[baje danki!]
De nada	Plesier	[plesir]
Não tem de quê	Plesier!	[plesir!]
Não foi nada!	Plesier	[plesir]
Desculpa!	Ekskuus!	[ɛkskɪs!]

| Desculpe! | Verskoon my! | [ferskoən maj!] |
| desculpar (vt) | verskoon | [ferskoən] |

desculpar-se (vr)	verskoning vra	[ferskoniŋ fra]
Me desculpe	Verskoning	[ferskoniŋ]
Desculpe!	Ek is jammer!	[ɛk is jammər!]
perdoar (vt)	vergewe	[ferχevə]
Não faz mal	Maak nie saak nie!	[mãk ni sãk ni!]
por favor	asseblief	[asseblif]

Não se esqueça!	Vergeet dit nie!	[ferχeət dit ni!]
Com certeza!	Beslis!	[beslis!]
Claro que não!	Natuurlik nie!	[natɪrlik ni!]
Está bem! De acordo!	OK!	[okej!]
Chega!	Dis genoeg!	[dis χenuχ!]

3. Como se dirigir a alguém

Desculpe ...	Verskoon my, ...	[ferskoən maj, ...]
senhor	meneer	[meneər]
senhora	mevrou	[mefræʊ]
senhorita	juffrou	[juffræʊ]
jovem	jongman	[joŋman]
menino	boet	[but]
menina	sussie	[sussi]

4. Números cardinais. Parte 1

zero	nul	[nul]
um	een	[eən]
dois	twee	[tweə]
três	drie	[dri]
qùatro	vier	[fir]

cinco	vyf	[fajf]
seis	ses	[ses]
sete	sewe	[sevə]
oito	ag	[aχ]
nove	nege	[neχə]

dez	tien	[tin]
onze	elf	[ɛlf]
doze	twaalf	[twãlf]
treze	dertien	[dertin]
catorze	veertien	[feərtin]

quinze	vyftien	[fajftin]
dezesseis	sestien	[sestin]
dezessete	sewetien	[sevətin]
dezoito	agtien	[aχtin]
dezenove	negetien	[neχetin]
vinte	twintig	[twintəχ]

vinte e um	een-en-twintig	[eən-en-twintəx]
vinte e dois	twee-en-twintig	[tweə-en-twintəx]
vinte e três	drie-en-twintig	[dri-en-twintəx]

trinta	dertig	[dertəx]
trinta e um	een-en-dertig	[eən-en-dertəx]
trinta e dois	twee-en-dertig	[tweə-en-dertəx]
trinta e três	drie-en-dertig	[dri-en-dertəx]

quarenta	veertig	[feərtəx]
quarenta e um	een-en-veertig	[eən-en-feərtəx]
quarenta e dois	twee-en-veertig	[tweə-en-feərtəx]
quarenta e três	vier-en-veertig	[fir-en-feərtəx]

cinquenta	vyftig	[fajftəx]
cinquenta e um	een-en-vyftig	[eən-en-fajftəx]
cinquenta e dois	twee-en-vyftig	[tweə-en-fajftəx]
cinquenta e três	drie-en-vyftig	[dri-en-fajftəx]

sessenta	sestig	[sestəx]
sessenta e um	een-en-sestig	[eən-en-sestəx]
sessenta e dois	twee-en-sestig	[tweə-en-sestəx]
sessenta e três	drie-en-sestig	[dri-en-sestəx]

setenta	sewentig	[seventəx]
setenta e um	een-en-sewentig	[eən-en-seventəx]
setenta e dois	twee-en-sewentig	[tweə-en-seventəx]
setenta e três	drie-en-sewentig	[dri-en-seventəx]

oitenta	tagtig	[taxtəx]
oitenta e um	een-en-tagtig	[eən-en-taxtəx]
oitenta e dois	twee-en-tagtig	[tweə-en-taxtəx]
oitenta e três	drie-en-tagtig	[dri-en-taxtəx]

noventa	negentig	[nexentəx]
noventa e um	een-en-negentig	[eən-en-nexentəx]
noventa e dois	twee-en-negentig	[tweə-en-nexentəx]
noventa e três	drie-en-negentig	[dri-en-nexentəx]

5. Números cardinais. Parte 2

cem	honderd	[hondərt]
duzentos	tweehonderd	[tweə·hondərt]
trezentos	driehonderd	[dri·hondərt]
quatrocentos	vierhonderd	[fir·hondərt]
quinhentos	vyfhonderd	[fajf·hondərt]

seiscentos	seshonderd	[ses·hondərt]
setecentos	sewehonderd	[sevə·hondərt]
oitocentos	aghonderd	[ax·hondərt]
novecentos	negehonderd	[nexə·hondərt]

| mil | duisend | [dœisent] |
| dois mil | tweeduisend | [tweə·dœisent] |

três mil	drieduisend	[dri·dœisent]
dez mil	tienduisend	[tin·dœisent]
cem mil	honderdduisend	[hondərt·dajsent]
um milhão	miljoen	[miljun]
um bilhão	miljard	[miljart]

6. Números ordinais

primeiro (adj)	eerste	[eərstə]
segundo (adj)	tweede	[tweədə]
terceiro (adj)	derde	[derdə]
quarto (adj)	vierde	[firdə]
quinto (adj)	vyfde	[fajfdə]
sexto (adj)	sesde	[sesdə]
sétimo (adj)	sewende	[sevendə]
oitavo (adj)	agste	[aχstə]
nono (adj)	negende	[neχendə]
décimo (adj)	tiende	[tində]

7. Números. Frações

fração (f)	breuk	[brøək]
um meio	helfte	[hɛlftə]
um terço	derde	[derdə]
um quarto	kwart	[kwart]
um oitavo	agste	[aχstə]
um décimo	tiende	[tində]
dois terços	twee derde	[tweə derdə]
três quartos	driekwart	[drikwart]

8. Números. Operações básicas

subtração (f)	aftrekking	[aftrɛkkiŋ]
subtrair (vi, vt)	aftrek	[aftrek]
divisão (f)	deling	[deliŋ]
dividir (vt)	deel	[deəl]
adição (f)	optelling	[optɛlliŋ]
somar (vt)	optel	[optəl]
adicionar (vt)	optel	[optəl]
multiplicação (f)	vermenigvuldiging	[fermeniχ·fuldəχiŋ]
multiplicar (vt)	vermenigvuldig	[fermeniχ·fuldəχ]

9. Números. Diversos

| algarismo, dígito (m) | syfer | [sajfər] |
| número (m) | nommer | [nommər] |

numeral (m)	telwoord	[tɛlwoərt]
menos (m)	minusteken	[minus·tekən]
mais (m)	plusteken	[plus·tekən]
fórmula (f)	formule	[formulə]

cálculo (m)	berekening	[berekeniŋ]
contar (vt)	tel	[təl]
calcular (vt)	optel	[optəl]
comparar (vt)	vergelyk	[ferχəlajk]

Quanto, -os, -as?	Hoeveel?	[hufeəl?]
soma (f)	som, totaal	[som], [totāl]
resultado (m)	resultaat	[resultāt]
resto (m)	oorskot	[oərskot]

pouco (~ tempo)	min	[min]
poucos, poucas	min	[min]
resto (m)	die res	[di res]
dúzia (f)	dosyn	[dosajn]

ao meio	middeldeur	[middəldøər]
em partes iguais	gelyk	[χelajk]
metade (f)	helfte	[hɛlftə]
vez (f)	maal	[māl]

10. Os verbos mais importantes. Parte 1

abrir (vt)	oopmaak	[oəpmāk]
acabar, terminar (vt)	klaarmaak	[klārmāk]
aconselhar (vt)	aanraai	[ānrāi]
adivinhar (vt)	raai	[rāi]
advertir (vt)	waarsku	[vārsku]

ajudar (vt)	help	[hɛlp]
almoçar (vi)	gaan eet	[χān eət]
alugar (~ um apartamento)	huur	[hɪr]
amar (pessoa)	liefhê	[lifhɛ:]
ameaçar (vt)	dreig	[dræjχ]

anotar (escrever)	opskryf	[opskrajf]
apressar-se (vr)	opskud	[opskut]
arrepender-se (vr)	jammer wees	[jammər veəs]
assinar (vt)	teken	[tekən]
brincar (vi)	grappies maak	[χrappis māk]

brincar, jogar (vi, vt)	speel	[speəl]
buscar (vt)	soek ...	[suk ...]
caçar (vi)	jag	[jaχ]
cair (vi)	val	[fal]
cavar (vt)	grawe	[χravə]
chamar (~ por socorro)	roep	[rup]

| chegar (vi) | aankom | [ānkom] |
| chorar (vi) | huil | [hœil] |

começar (vt)	begin	[beχin]
comparar (vt)	vergelyk	[ferχəlajk]
concordar (dizer "sim")	saamstem	[sāmstem]
confiar (vt)	vertrou	[fertræʊ]
confundir (equivocar-se)	verwar	[ferwar]
conhecer (vt)	ken	[ken]
contar (fazer contas)	tel	[təl]
contar com ...	reken op ...	[reken op ...]
continuar (vt)	aangaan	[ānχān]
controlar (vt)	kontroleer	[kontroleər]
convidar (vt)	uitnooi	[œitnoj]
correr (vi)	hardloop	[hardloəp]
criar (vt)	skep	[skep]
custar (vt)	kos	[kos]

11. Os verbos mais importantes. Parte 2

dar (vt)	gee	[χeə]
decorar (enfeitar)	versier	[fersir]
defender (vt)	verdedig	[ferdedəχ]
deixar cair (vt)	laat val	[lāt fal]
descer (para baixo)	afkom	[afkom]
desculpar (vt)	verskoon	[ferskoən]
desculpar-se (vr)	verskoning vra	[ferskoniŋ fra]
dirigir (~ uma empresa)	beheer	[beheər]
discutir (notícias, etc.)	bespreek	[bespreək]
disparar, atirar (vi)	skiet	[skit]
dizer (vt)	sê	[sɛ:]
duvidar (vt)	twyfel	[twajfəl]
encontrar (achar)	vind	[fint]
enganar (vt)	bedrieg	[bedrəχ]
entender (vt)	verstaan	[ferstān]
entrar (na sala, etc.)	binnegaan	[binnəχān]
enviar (uma carta)	stuur	[stɪr]
escolher (vt)	kies	[kis]
esconder (vt)	wegsteek	[veχsteək]
escrever (vt)	skryf	[skrajf]
esperar (aguardar)	wag	[vaχ]
esperar (ter esperança)	hoop	[hoəp]
esquecer (vt)	vergeet	[ferχeət]
estar (vi)	wees	[veəs]
estudar (vt)	studeer	[studeər]
exigir (vt)	eis	[æjs]
existir (vi)	bestaan	[bestān]
explicar (vt)	verduidelik	[ferdœidəlik]
falar (vi)	praat	[prāt]
faltar (a la escuela, etc.)	bank	[bank]

fazer (vt)	doen	[dun]
ficar em silêncio	stilbly	[stilblaj]
gabar-se (vr)	spog	[spoχ]

gostar (apreciar)	hou van	[hæʊ fan]
gritar (vi)	skreeu	[skriʊ]
guardar (fotos, etc.)	bewaar	[bevār]
informar (vt)	in kennis stel	[in kɛnnis stəl]
insistir (vi)	aandring	[āndriŋ]

insultar (vt)	beledig	[beledəχ]
interessar-se (vr)	belangstel in ...	[belaŋstəl in ...]
ir (a pé)	gaan	[χān]
ir nadar	gaan swem	[χān swem]
jantar (vi)	aandete gebruik	[āndetə χebrœik]

12. Os verbos mais importantes. Parte 3

ler (vt)	lees	[leəs]
libertar, liberar (vt)	bevry	[befraj]
matar (vt)	doodmaak	[doədmāk]
mencionar (vt)	verwys na	[ferwajs na]
mostrar (vt)	wys	[vajs]

mudar (modificar)	verander	[ferandər]
nadar (vi)	swem	[swem]
negar-se a ... (vr)	weier	[væjer]
objetar (vt)	beswaar maak	[beswār māk]

observar (vt)	waarneem	[vārneəm]
ordenar (mil.)	beveel	[befeəl]
ouvir (vt)	hoor	[hoər]
pagar (vt)	betaal	[betāl]
parar (vi)	stilhou	[stilhæʊ]

parar, cessar (vt)	ophou	[ophæʊ]
participar (vi)	deelneem	[deəlneəm]
pedir (comida, etc.)	bestel	[bestəl]
pedir (um favor, etc.)	vra	[fra]
pegar (tomar)	vat	[fat]

pegar (uma bola)	vang	[faŋ]
pensar (vi, vt)	dink	[dink]
perceber (ver)	raaksien	[rāksin]
perdoar (vt)	vergewe	[ferχevə]
perguntar (vt)	vra	[fra]

permitir (vt)	toestaan	[tustān]
pertencer a ... (vi)	behoort aan ...	[bəhoərt ān ...]
planejar (vt)	beplan	[beplan]
poder (~ fazer algo)	kan	[kan]
possuir (uma casa, etc.)	besit	[besit]
preferir (vt)	verkies	[ferkis]
preparar (vt)	kook	[koək]

prever (vt)	voorsien	[foərsin]
prometer (vt)	beloof	[beloəf]
pronunciar (vt)	uitspreek	[œitspreək]
propor (vt)	voorstel	[foərstəl]
punir (castigar)	straf	[straf]
quebrar (vt)	breek	[breək]
queixar-se de ...	kla	[kla]
querer (desejar)	wil	[vil]

13. Os verbos mais importantes. Parte 4

ralhar, repreender (vt)	uitvaar teen	[œitfãr teən]
recomendar (vt)	aanbeveel	[ānbefeəl]
repetir (dizer outra vez)	herhaal	[herhãl]
reservar (~ um quarto)	bespreek	[bespreək]
responder (vt)	antwoord	[antwoərt]
rezar, orar (vi)	bid	[bit]
rir (vi)	lag	[laχ]
roubar (vt)	steel	[steəl]
saber (vt)	weet	[veət]
sair (~ de casa)	uitgaan	[œitχān]
salvar (resgatar)	red	[ret]
seguir (~ alguém)	volg ...	[folχ ...]
sentar-se (vr)	gaan sit	[χān sit]
ser (vi)	wees	[veəs]
ser necessário	nodig wees	[nodəχ veəs]
significar (vt)	beteken	[betekən]
sorrir (vi)	glimlag	[χlimlaχ]
subestimar (vt)	onderskat	[ondərskat]
surpreender-se (vr)	verbaas wees	[ferbãs veəs]
tentar (~ fazer)	probeer	[probeər]
ter (vt)	hê	[hɛ:]
ter fome	honger wees	[hoŋər veəs]
ter medo	bang wees	[baŋ veəs]
ter sede	dors wees	[dors veəs]
tocar (com as mãos)	aanraak	[ānrāk]
tomar café da manhã	ontbyt	[ontbajt]
trabalhar (vi)	werk	[verk]
traduzir (vt)	vertaal	[fertãl]
unir (vt)	verenig	[ferenəχ]
vender (vt)	verkoop	[ferkoəp]
ver (vt)	sien	[sin]
virar (~ para a direita)	draai	[drãi]
voar (vi)	vlieg	[fliχ]

14. Cores

cor (f)	kleur	[kløər]
tom (m)	skakering	[skakeriŋ]
tonalidade (m)	tint	[tint]
arco-íris (m)	reënboog	[reɛn·boəχ]
branco (adj)	wit	[vit]
preto (adj)	swart	[swart]
cinza (adj)	grys	[χrajs]
verde (adj)	groen	[χrun]
amarelo (adj)	geel	[χeəl]
vermelho (adj)	rooi	[roj]
azul (adj)	blou	[blæʊ]
azul claro (adj)	ligblou	[liχ·blæʊ]
rosa (adj)	pienk	[pink]
laranja (adj)	oranje	[oranje]
violeta (adj)	pers	[pers]
marrom (adj)	bruin	[brœin]
dourado (adj)	goue	[χæʊə]
prateado (adj)	silweragtig	[silweraχtəχ]
bege (adj)	beige	[bɛ:iʒ]
creme (adj)	roomkleurig	[roəm·kløərəχ]
turquesa (adj)	turkoois	[turkojs]
vermelho cereja (adj)	kersierooi	[kersi·roj]
lilás (adj)	lila	[lila]
carmim (adj)	karmosyn	[karmosajn]
claro (adj)	lig	[liχ]
escuro (adj)	donker	[donkər]
vivo (adj)	helder	[hɛldər]
de cor	kleurig	[kløərəχ]
a cores	kleur	[kløər]
preto e branco (adj)	swart-wit	[swart-wit]
unicolor (de uma só cor)	effe	[ɛffə]
multicolor (adj)	veelkleurig	[feəlkløərəχ]

15. Questões

Quem?	Wie?	[vi?]
O que?	Wat?	[vat?]
Onde?	Waar?	[vãr?]
Para onde?	Waarheen?	[vãrheən?]
De onde?	Waarvandaan?	[vãrfandãn?]
Quando?	Wanneer?	[vanneər?]
Para quê?	Hoekom?	[hukom?]
Por quê?	Hoekom?	[hukom?]
Para quê?	Vir wat?	[fir vat?]

Como?	**Hoe?**	[hu?]
Qual (~ é o problema?)	**Watter?**	[vattər?]
Qual (~ deles?)	**Watter een?**	[vattər eən?]

A quem?	**Vir wie?**	[fir vi?]
De quem?	**Oor wie?**	[oər vi?]
Do quê?	**Oor wat?**	[oər vat?]
Com quem?	**Met wie?**	[met vi?]
Quanto, -os, -as?	**Hoeveel?**	[hufeəl?]

16. Preposições

com (prep.)	**met**	[met]
sem (prep.)	**sonder**	[sondər]
a, para (exprime lugar)	**na**	[na]
sobre (ex. falar ~)	**oor**	[oər]
antes de ...	**voor**	[foər]
em frente de ...	**voor ...**	[foər ...]

debaixo de ...	**onder**	[ondər]
sobre (em cima de)	**oor**	[oər]
em ..., sobre ...	**op**	[op]
de, do (sou ~ Rio de Janeiro)	**uit**	[œit]
de (feito ~ pedra)	**van**	[fan]

em (~ 3 dias)	**oor**	[oər]
por cima de ...	**oor**	[oər]

17. Palavras funcionais. Advérbios. Parte 1

Onde?	**Waar?**	[vãr?]
aqui	**hier**	[hir]
lá, ali	**daar**	[dãr]

em algum lugar	**êrens**	[ærɛŋs]
em lugar nenhum	**nêrens**	[nærɛŋs]

perto de ...	**by**	[baj]
perto da janela	**by**	[baj]

Para onde?	**Waarheen?**	[vãrheən?]
aqui	**hier**	[hir]
para lá	**soontoe**	[soentu]
daqui	**hiervandaan**	[hirfandãn]
de lá, dali	**daarvandaan**	[dãrfandãn]

perto	**naby**	[nabaj]
longe	**ver**	[fer]

perto de ...	**naby**	[nabaj]
à mão, perto	**naby**	[nabaj]
não fica longe	**nie ver nie**	[ni fər ni]

esquerdo (adj)	linker-	[linkər-]
à esquerda	op linkerhand	[op linkərhant]
para a esquerda	na links	[na links]
direito (adj)	regter	[reχtər]
à direita	op regterhand	[op reχtərhant]
para a direita	na regs	[na reχs]
em frente	voor	[foər]
da frente	voorste	[foərstə]
adiante (para a frente)	vooruit	[foərœit]
atrás de ...	agter	[aχtər]
de trás	van agter	[fan aχtər]
para trás	agtertoe	[aχtərtu]
meio (m), metade (f)	middel	[middəl]
no meio	in die middel	[in di middəl]
do lado	op die sykant	[op di sajkant]
em todo lugar	orals	[orals]
por todos os lados	orals rond	[orals ront]
de dentro	van binne	[fan binnə]
para algum lugar	êrens	[ærɛŋs]
diretamente	reguit	[reχœit]
de volta	terug	[teruχ]
de algum lugar	êrens vandaan	[ærɛŋs fandãn]
de algum lugar	êrens vandaan	[ærɛŋs fandãn]
em primeiro lugar	in die eerste plek	[in di eərstə plek]
em segundo lugar	in die tweede plek	[in di tweədə plek]
em terceiro lugar	in die derde plek	[in di derdə plek]
de repente	skielik	[skilik]
no início	aan die begin	[ãn di beχin]
pela primeira vez	vir die eerste keer	[fir di eərstə keər]
muito antes de ...	lank voordat ...	[lank foərdat ...]
de novo	opnuut	[opnɪt]
para sempre	vir goed	[fir χut]
nunca	nooit	[nojt]
de novo	weer	[veər]
agora	nou	[næʊ]
frequentemente	dikwels	[dikwɛls]
então	toe	[tu]
urgentemente	dringend	[driŋən]
normalmente	gewoonlik	[χevoənlik]
a propósito, ...	terloops, ...	[terloəps], [...]
é possível	moontlik	[moentlik]
provavelmente	waarskynlik	[vãrskajnlik]
talvez	dalk	[dalk]
além disso, ...	trouens ...	[træʊɛŋs ...]
por isso ...	dis hoekom ...	[dis hukom ...]

apesar de ...	ondanks ...	[ondanks ...]
graças a ...	danksy ...	[danksaj ...]
que (pron.)	wat	[vat]
que (conj.)	dat	[dat]
algo	iets	[its]
alguma coisa	iets	[its]
nada	niks	[niks]
quem	wie	[vi]
alguém (~ que ...)	iemand	[imant]
alguém (com ~)	iemand	[imant]
ninguém	niemand	[nimant]
para lugar nenhum	nêrens	[nærɛŋs]
de ninguém	niemand se	[nimant sə]
de alguém	iemand se	[imant sə]
tão	so	[so]
também (gostaria ~ de ...)	ook	[oək]
também (~ eu)	ook	[oək]

18. Palavras funcionais. Advérbios. Parte 2

Por quê?	Waarom?	[vãrom?]
porque ...	omdat ...	[omdat ...]
e (tu ~ eu)	en	[ɛn]
ou (ser ~ não ser)	of	[of]
mas (porém)	maar	[mãr]
para (~ a minha mãe)	vir	[fir]
muito, demais	te	[te]
só, somente	net	[net]
exatamente	presies	[presis]
cerca de (~ 10 kg)	ongeveer	[onχəfeər]
aproximadamente	ongeveer	[onχəfeər]
aproximado (adj)	geraamde	[χerãmdə]
quase	amper	[ampər]
resto (m)	die res	[di res]
o outro (segundo)	die ander	[di andər]
outro (adj)	ander	[andər]
cada (adj)	elke	[ɛlkə]
qualquer (adj)	enige	[ɛniχə]
muitos, muitas	baie	[baje]
muitas pessoas	baie mense	[baje mɛŋsə]
todos	almal	[almal]
em troca de ...	in ruil vir ...	[in rœil fir ...]
em troca	as vergoeding	[as ferχudiŋ]
à mão	met die hand	[met di hant]
pouco provável	skaars	[skãrs]

provavelmente	waarskynlik	[vãrskajnlik]
de propósito	opsetlik	[opsetlik]
por acidente	toevallig	[tufalləχ]

muito	baie	[baje]
por exemplo	byvoorbeeld	[bajfoərbeəlt]
entre	tussen	[tussən]
entre (no meio de)	tussen	[tussən]
tanto	so baie	[so baje]
especialmente	veral	[feral]

Conceitos básicos. Parte 2

19. Dias da semana

segunda-feira (f)	Maandag	[mãndaχ]
terça-feira (f)	Dinsdag	[dinsdaχ]
quarta-feira (f)	Woensdag	[voɛŋsdaχ]
quinta-feira (f)	Donderdag	[dondərdaχ]
sexta-feira (f)	Vrydag	[frajdaχ]
sábado (m)	Saterdag	[satərdaχ]
domingo (m)	Sondag	[sondaχ]

hoje	vandag	[fandaχ]
amanhã	môre	[mɔrə]
depois de amanhã	oormôre	[oərmɔrə]
ontem	gister	[χistər]
anteontem	eergister	[eərχistər]

dia (m)	dag	[daχ]
dia (m) de trabalho	werksdag	[verks·daχ]
feriado (m)	openbare vakansiedag	[openbarə fakaŋsi·daχ]
dia (m) de folga	verlofdag	[ferlofdaχ]
fim (m) de semana	naweek	[naveək]

o dia todo	die hele dag	[di helə daχ]
no dia seguinte	die volgende dag	[di folχendə daχ]
há dois dias	twee dae gelede	[twee daə χeledə]
na véspera	die dag voor	[di daχ foər]
diário (adj)	daeliks	[daəliks]
todos os dias	elke dag	[ɛlkə daχ]

semana (f)	week	[veək]
na semana passada	laas week	[lãs veək]
semana que vem	volgende week	[folχendə veək]
semanal (adj)	weekliks	[veəkliks]
toda semana	weekliks	[veəkliks]
toda terça-feira	elke Dinsdag	[ɛlkə dinsdaχ]

20. Horas. Dia e noite

manhã (f)	oggend	[oχent]
de manhã	soggens	[soχɛŋs]
meio-dia (m)	middag	[middaχ]
à tarde	in die namiddag	[in di namiddaχ]

tardinha (f)	aand	[ãnt]
à tardinha	saans	[sãŋs]
noite (f)	nag	[naχ]

| à noite | snags | [snaχs] |
| meia-noite (f) | middernag | [middərnaχ] |

segundo (m)	sekonde	[sekondə]
minuto (m)	minuut	[minɪt]
hora (f)	uur	[ɪr]
meia hora (f)	n halfuur	[n halfɪr]
quinze minutos	vyftien minute	[fajftin minutə]
vinte e quatro horas	24 ure	[fir-en-twintəχ urə]

nascer (m) do sol	sonop	[son·op]
amanhecer (m)	daeraad	[daerãt]
madrugada (f)	elke oggend	[ɛlkə oχent]
pôr-do-sol (m)	sononder	[son·ondər]

de madrugada	vroegdag	[fruχdaχ]
esta manhã	vanmôre	[fanmɔrə]
amanhã de manhã	môreoggend	[mɔrə·oχent]

esta tarde	vanmiddag	[fanmiddaχ]
à tarde	in die namiddag	[in di namiddaχ]
amanhã à tarde	môremiddag	[mɔrə·middaχ]

| esta noite, hoje à noite | vanaand | [fanãnt] |
| amanhã à noite | môreaand | [mɔrə·ãnt] |

às três horas em ponto	klokslag 3 uur	[klokslaχ dri ɪr]
por volta das quatro	omstreeks 4 uur	[omstreəks fir ɪr]
às doze	teen 12 uur	[teən twalf ɪr]

| em vinte minutos | oor twintig minute | [oər twintəχ minutə] |
| a tempo | betyds | [betajds] |

... um quarto para	kwart voor ...	[kwart foər ...]
a cada quinze minutos	elke 15 minute	[ɛlkə fajftin minutə]
as vinte e quatro horas	24 uur per dag	[fir-en-twintəχ pər daχ]

21. Meses. Estações

janeiro (m)	Januarie	[januari]
fevereiro (m)	Februarie	[februari]
março (m)	Maart	[mãrt]
abril (m)	April	[april]
maio (m)	Mei	[mæj]
junho (m)	Junie	[juni]

julho (m)	Julie	[juli]
agosto (m)	Augustus	[ɔuχustus]
setembro (m)	September	[septembər]
outubro (m)	Oktober	[oktobər]
novembro (m)	November	[nofembər]
dezembro (m)	Desember	[desembər]
primavera (f)	lente	[lentə]
na primavera	in die lente	[in di lentə]

primaveril (adj)	lente-	[lente-]
verão (m)	somer	[somər]
no verão	in die somer	[in di somər]
de verão	somerse	[somərsə]

outono (m)	herfs	[herfs]
no outono	in die herfs	[in di herfs]
outonal (adj)	herfsagtige	[herfsaχtiχə]

inverno (m)	winter	[vintər]
no inverno	in die winter	[in di vintər]
de inverno	winter-	[vintər-]

mês (m)	maand	[mãnt]
este mês	hierdie maand	[hirdi mãnt]
mês que vem	volgende maand	[folχendə mãnt]
no mês passado	laasmaand	[lãsmãnt]

| em dois meses | oor twe maande | [oər twə mãndə] |
| todo o mês | die hele maand | [di helə mãnt] |

mensal (adj)	maandeliks	[mãndəliks]
mensalmente	maandeliks	[mãndəliks]
todo mês	elke maand	[ɛlkə mãnt]

ano (m)	jaar	[jãr]
este ano	hierdie jaar	[hirdi jãr]
ano que vem	volgende jaar	[folχendə jãr]
no ano passado	laasjaar	[lãʃãr]

| dentro de dois anos | binne twee jaar | [binnə tweə jãr] |
| todo o ano | die hele jaar | [di helə jãr] |

cada ano	elke jaar	[ɛlkə jãr]
anual (adj)	jaarliks	[jãrliks]
anualmente	jaarliks	[jãrliks]
quatro vezes por ano	4 keer per jaar	[fir keər pər jãr]

data (~ de hoje)	datum	[datum]
data (ex. ~ de nascimento)	datum	[datum]
calendário (m)	kalender	[kalendər]

seis meses	ses maande	[ses mãndə]
estação (f)	seisoen	[sæjsun]
século (m)	eeu	[iʊ]

22. Unidades de medida

peso (m)	gewig	[χevəχ]
comprimento (m)	lengte	[leŋtə]
largura (f)	breedte	[breedtə]
altura (f)	hoogte	[hoəχtə]
profundidade (f)	diepte	[diptə]
volume (m)	volume	[folumə]

área (f)	area	[area]
grama (m)	gram	[χram]
miligrama (m)	milligram	[milliχram]
quilograma (m)	kilogram	[kiloχram]
tonelada (f)	ton	[ton]
libra (453,6 gramas)	pond	[pont]
onça (f)	ons	[ɔŋs]

metro (m)	meter	[metər]
milímetro (m)	millimeter	[millimetər]
centímetro (m)	sentimeter	[sentimetər]
quilômetro (m)	kilometer	[kilometər]
milha (f)	myl	[majl]

polegada (f)	duim	[dœim]
pé (304,74 mm)	voet	[fut]
jarda (914,383 mm)	jaart	[jārt]

metro (m) quadrado	vierkante meter	[firkantə metər]
hectare (m)	hektaar	[hektār]

litro (m)	liter	[litər]
grau (m)	graad	[χrāt]
volt (m)	volt	[folt]
ampère (m)	ampère	[ampɛ:r]
cavalo (m) de potência	perdekrag	[perdə·kraχ]

quantidade (f)	hoeveelheid	[hufeəlhæjt]
metade (f)	helfte	[hɛlftə]
dúzia (f)	dosyn	[dosajn]
peça (f)	stuk	[stuk]

tamanho (m), dimensão (f)	grootte	[χroəttə]
escala (f)	skaal	[skāl]

mínimo (adj)	minimaal	[minimāl]
menor, mais pequeno	die kleinste	[di klæjnstə]
médio (adj)	medium	[medium]
máximo (adj)	maksimaal	[maksimāl]
maior, mais grande	die grootste	[di χroətstə]

23. Recipientes

pote (m) de vidro	glaspot	[χlas·pot]
lata (~ de cerveja)	blikkie	[blikki]
balde (m)	emmer	[ɛmmər]
barril (m)	drom	[drom]

bacia (~ de plástico)	wasbak	[vas·bak]
tanque (m)	tenk	[tɛnk]
cantil (m) de bolso	heupfles	[høəp·fles]
galão (m) de gasolina	petrolblik	[petrol·blik]
cisterna (f)	tenk	[tɛnk]
caneca (f)	beker	[bekər]

xícara (f)	koppie	[koppi]
pires (m)	piering	[piriŋ]
copo (m)	glas	[χlas]
taça (f) de vinho	wynglas	[vajn·χlas]
panela (f)	soppot	[sop·pot]

garrafa (f)	bottel	[bottəl]
gargalo (m)	nek	[nek]

jarra (f)	kraffie	[kraffi]
jarro (m)	kruik	[krœik]
recipiente (m)	houer	[hæʋər]
pote (m)	pot	[pot]
vaso (m)	vaas	[fãs]

frasco (~ de perfume)	bottel	[bottəl]
frasquinho (m)	botteltjie	[bottɛlki]
tubo (m)	buisie	[bœisi]

saco (ex. ~ de açúcar)	sak	[sak]
sacola (~ plastica)	sak	[sak]
maço (de cigarros, etc.)	pakkie	[pakki]

caixa (~ de sapatos, etc.)	kartondoos	[karton·doəs]
caixote (~ de madeira)	krat	[krat]
cesto (m)	mandjie	[mandʒi]

O SER HUMANO

O ser humano. O corpo

24. Cabeça

cabeça (f)	kop	[kop]
rosto, cara (f)	gesig	[χesəχ]
nariz (m)	neus	[nøəs]
boca (f)	mond	[mont]
olho (m)	oog	[oəχ]
olhos (m pl)	oë	[oɛ]
pupila (f)	pupil	[pupil]
sobrancelha (f)	wenkbrou	[vɛnk·bræʊ]
cílio (f)	ooghaar	[oəχ·hãr]
pálpebra (f)	ooglid	[oəχ·lit]
língua (f)	tong	[toŋ]
dente (m)	tand	[tant]
lábios (m pl)	lippe	[lippə]
maçãs (f pl) do rosto	wangbene	[vaŋ·benə]
gengiva (f)	tandvleis	[tand·flæjs]
palato (m)	verhemelte	[fer·hemɛltə]
narinas (f pl)	neusgate	[nøəsχatə]
queixo (m)	ken	[ken]
mandíbula (f)	kakebeen	[kakebeən]
bochecha (f)	wang	[vaŋ]
testa (f)	voorhoof	[foərhoəf]
têmpora (f)	slaap	[slãp]
orelha (f)	oor	[oər]
costas (f pl) da cabeça	agterkop	[aχtərkop]
pescoço (m)	nek	[nek]
garganta (f)	keel	[keəl]
cabelo (m)	haar	[hãr]
penteado (m)	kapsel	[kapsəl]
corte (m) de cabelo	haarstyl	[hãrstajl]
peruca (f)	pruik	[prœik]
bigode (m)	snor	[snor]
barba (f)	baard	[bãrt]
ter (~ barba, etc.)	dra	[dra]
trança (f)	vlegsel	[fleχsəl]
suíças (f pl)	bakkebaarde	[bakkəbãrdə]
ruivo (adj)	rooiharig	[roj·harəχ]
grisalho (adj)	grys	[χrajs]

| careca (adj) | kaal | [kāl] |
| calva (f) | kaal plek | [kāl plek] |

| rabo-de-cavalo (m) | poniestert | [poni·stert] |
| franja (f) | gordyntjiekapsel | [ɣordajnki·kapsəl] |

25. Corpo humano

| mão (f) | hand | [hant] |
| braço (m) | arm | [arm] |

dedo (m)	vinger	[fiŋər]
dedo (m) do pé	toon	[toən]
polegar (m)	duim	[dœim]
dedo (m) mindinho	pinkie	[pinki]
unha (f)	nael	[naəl]

punho (m)	vuis	[fœis]
palma (f)	palm	[palm]
pulso (m)	pols	[pols]
antebraço (m)	voorarm	[foərarm]
cotovelo (m)	elmboog	[ɛlmboəχ]
ombro (m)	skouer	[skæʋər]

perna (f)	been	[beən]
pé (m)	voet	[fut]
joelho (m)	knie	[kni]
panturrilha (f)	kuit	[kœit]
quadril (m)	heup	[høəp]
calcanhar (m)	hakskeen	[hak·skeən]

corpo (m)	liggaam	[liχχãm]
barriga (f), ventre (m)	maag	[mãχ]
peito (m)	bors	[bors]
seio (m)	bors	[bors]
lado (m)	sy	[saj]
costas (dorso)	rug	[ruχ]
região (f) lombar	lae rug	[laə ruχ]
cintura (f)	middel	[middəl]

umbigo (m)	naeltjie	[naɛlki]
nádegas (f pl)	boude	[bæʋdə]
traseiro (m)	sitvlak	[sitflak]

sinal (m), pinta (f)	moesie	[musi]
sinal (m) de nascença	moedervlek	[mudər·flek]
tatuagem (f)	tatoe	[tatu]
cicatriz (f)	litteken	[littekən]

Vestuário & Acessórios

26. Roupa exterior. Casacos

roupa (f)	klere	[klerə]
roupa (f) exterior	oorklere	[oərklerə]
roupa (f) de inverno	winterklere	[vintər·klerə]
sobretudo (m)	jas	[jas]
casaco (m) de pele	pelsjas	[pelʃas]
jaqueta (f) de pele	kort pelsjas	[kort pelʃas]
casaco (m) acolchoado	donsjas	[donʃas]
casaco (m), jaqueta (f)	baadjie	[bādʒi]
impermeável (m)	reënjas	[reɛnjas]
a prova d'água	waterdig	[vatərdəχ]

27. Vestuário de homem & mulher

camisa (f)	hemp	[hemp]
calça (f)	broek	[bruk]
jeans (m)	denimbroek	[denim·bruk]
paletó, terno (m)	baadjie	[bādʒi]
terno (m)	pak	[pak]
vestido (ex. ~ de noiva)	rok	[rok]
saia (f)	romp	[romp]
blusa (f)	bloes	[blus]
casaco (m) de malha	gebreide baadjie	[χebræjdə bādʒi]
casaco, blazer (m)	baadjie	[bādʒi]
camiseta (f)	T-hemp	[te-hemp]
short (m)	kortbroek	[kort·bruk]
training (m)	sweetpak	[sweət·pak]
roupão (m) de banho	badjas	[batjas]
pijama (m)	pajama	[pajama]
suéter (m)	trui	[trœi]
pulôver (m)	trui	[trœi]
colete (m)	onderbaadjie	[ondər·bādʒi]
fraque (m)	swaelstertbaadjie	[swaɛlstert·bādʒi]
smoking (m)	aandpak	[āntpak]
uniforme (m)	uniform	[uniform]
roupa (f) de trabalho	werksklere	[verks·klerə]
macacão (m)	oorpak	[oərpak]
jaleco (m), bata (f)	jas	[jas]

28. Vestuário. Roupa interior

roupa (f) íntima	onderklere	[ondərklerə]
cueca boxer (f)	onderbroek	[ondərbruk]
calcinha (f)	onderbroek	[ondərbruk]
camiseta (f)	frokkie	[frokki]
meias (f pl)	sokkies	[sokkis]
camisola (f)	nagrok	[naχrok]
sutiã (m)	bra	[bra]
meias longas (f pl)	kniekouse	[kni·kæʊsə]
meias-calças (f pl)	kousbroek	[kæʊsbruk]
meias (~ de nylon)	kouse	[kæʊsə]
maiô (m)	baaikostuum	[bāj·kostɪm]

29. Adereços de cabeça

chapéu (m), touca (f)	hoed	[hut]
chapéu (m) de feltro	hoed	[hut]
boné (m) de beisebol	bofbalpet	[bofbal·pet]
boina (~ italiana)	pet	[pet]
boina (ex. ~ basca)	mus	[mus]
capuz (m)	kap	[kap]
chapéu panamá (m)	panamahoed	[panama·hut]
touca (f)	gebreide mus	[χebræjdə mus]
lenço (m)	kopdoek	[kopduk]
chapéu (m) feminino	dameshoed	[dames·hut]
capacete (m) de proteção	veiligheidshelm	[fæjliχæjts·hɛlm]
bibico (m)	mus	[mus]
capacete (m)	helmet	[hɛlmet]
chapéu-coco (m)	bolhoed	[bolhut]
cartola (f)	hoëhoed	[hoɛhut]

30. Calçado

calçado (m)	skoeisel	[skuisəl]
botinas (f pl), sapatos (m pl)	mansskoene	[maŋs·skunə]
sapatos (de salto alto, etc.)	damesskoene	[dames·skunə]
botas (f pl)	laarse	[lārsə]
pantufas (f pl)	pantoffels	[pantoffəls]
tênis (~ Nike, etc.)	tenniskoene	[tɛnnis·skunə]
tênis (~ Converse)	tekkies	[tɛkkis]
sandálias (f pl)	sandale	[sandalə]
sapateiro (m)	skoenmaker	[skun·makər]
salto (m)	hak	[hak]

par (m)	paar	[pãr]
cadarço (m)	skoenveter	[skun·fetər]
amarrar os cadarços	ryg	[rajχ]
calçadeira (f)	skoenlepel	[skun·lepəl]
graxa (f) para calçado	skoenpolitoer	[skun·politur]

31. Acessórios pessoais

luva (f)	handskoene	[handskunə]
mitenes (f pl)	duimhandskoene	[dœim·handskunə]
cachecol (m)	serp	[serp]
óculos (m pl)	bril	[bril]
armação (f)	raam	[rãm]
guarda-chuva (m)	sambreel	[sambreəl]
bengala (f)	wandelstok	[vandəl·stok]
escova (f) para o cabelo	haarborsel	[hãr·borsel]
leque (m)	waaier	[vãjer]
gravata (f)	das	[das]
gravata-borboleta (f)	strikkie	[strikki]
suspensórios (m pl)	kruisbande	[krœis·bandə]
lenço (m)	sakdoek	[sakduk]
pente (m)	kam	[kam]
fivela (f) para cabelo	haarspeld	[hãrs·pɛlt]
grampo (m)	haarpen	[hãr·pen]
fivela (f)	gespe	[χespə]
cinto (m)	belt	[bɛlt]
alça (f) de ombro	skouerband	[skæʋer·bant]
bolsa (f)	handsak	[hand·sak]
bolsa (feminina)	beursie	[bøərsi]
mochila (f)	rugsak	[ruχsak]

32. Vestuário. Diversos

moda (f)	mode	[modə]
na moda (adj)	in die mode	[in di modə]
estilista (m)	modeontwerper	[modə·ontwerpər]
colarinho (m)	kraag	[krãχ]
bolso (m)	sak	[sak]
de bolso	sak-	[sak-]
manga (f)	mou	[mæʋ]
ganchinho (m)	lussie	[lussi]
bragueta (f)	gulp	[χulp]
zíper (m)	ritssluiter	[rits·slœitər]
colchete (m)	vasmaker	[fasmakər]
botão (m)	knoop	[knoəp]

33

| botoeira (casa de botão) | knoopsgat | [knoəps·χat] |
| soltar-se (vr) | loskom | [loskom] |

costurar (vi)	naai	[nãi]
bordar (vt)	borduur	[bordɪr]
bordado (m)	borduurwerk	[bordɪr·werk]
agulha (f)	naald	[nãlt]
fio, linha (f)	garing	[χariŋ]
costura (f)	soom	[soəm]

sujar-se (vr)	vuil word	[fœil vort]
mancha (f)	vlek	[flek]
amarrotar-se (vr)	kreukel	[krøəkəl]
rasgar (vt)	skeur	[skøər]
traça (f)	mot	[mot]

33. Cuidados pessoais. Cosméticos

pasta (f) de dente	tandepasta	[tandə·pasta]
escova (f) de dente	tandeborsel	[tandə·borsəl]
escovar os dentes	tande borsel	[tandə borsəl]

gilete (f)	skeermes	[skeər·mes]
creme (m) de barbear	skeerroom	[skeər·roəm]
barbear-se (vr)	skeer	[skeər]

| sabonete (m) | seep | [seəp] |
| xampu (m) | sjampoe | [ʃampu] |

tesoura (f)	skêr	[skær]
lixa (f) de unhas	naelvyl	[naɛl·fajl]
corta-unhas (m)	naelknipper	[naɛl·knippər]
pinça (f)	haartangetjie	[hãrtaŋəki]

cosméticos (m pl)	kosmetika	[kosmetika]
máscara (f)	gesigmasker	[χesiχ·maskər]
manicure (f)	manikuur	[manikɪr]
fazer as unhas	laat manikuur	[lãt manikɪr]
pedicure (f)	voetbehandeling	[fut·behandeliŋ]

bolsa (f) de maquiagem	kosmetika tassie	[kosmetika tassi]
pó (de arroz)	gesigpoeier	[χesiχ·pujer]
pó (m) compacto	poeierdosie	[pujer·dosi]
blush (m)	blosser	[blossər]

perfume (m)	parfuum	[parfɪm]
água-de-colônia (f)	reukwater	[røək·vatər]
loção (f)	vloeiroom	[flui·roəm]
colônia (f)	reukwater	[røək·vatər]

sombra (f) de olhos	oogskadu	[oəχ·skadu]
delineador (m)	oogomlyner	[oəχ·omlajnər]
máscara (f), rímel (m)	maskara	[maskara]
batom (m)	lipstiffie	[lip·stiffi]

esmalte (m)	naellak	[naɛl·lak]
laquê (m), spray fixador (m)	haarsproei	[hãrs·prui]
desodorante (m)	reukweermiddel	[røǝk·veǝrmiddǝl]

creme (m)	room	[roǝm]
creme (m) de rosto	gesigroom	[χesiχ·roǝm]
creme (m) de mãos	handroom	[hand·roǝm]
creme (m) antirrugas	antirimpelroom	[antirimpǝl·roǝm]
creme (m) de dia	dagroom	[daχ·roǝm]
creme (m) de noite	nagroom	[naχ·roǝm]
de dia	dag-	[daχ-]
da noite	nag-	[naχ-]

absorvente (m) interno	tampon	[tampon]
papel (m) higiênico	toiletpapier	[tojlet·papir]
secador (m) de cabelo	haardroër	[hãr·droɛr]

34. Relógios de pulso. Relógios

relógio (m) de pulso	polshorlosie	[pols·horlosi]
mostrador (m)	wyserplaat	[vajsǝr·plãt]
ponteiro (m)	wyster	[vajstǝr]
bracelete (em aço)	metaal horlosiebandjie	[metãl horlosi·bandʒi]
bracelete (em couro)	horlosiebandjie	[horlosi·bandʒi]

pilha (f)	battery	[battǝraj]
acabar (vi)	pap wees	[pap veǝs]
estar adiantado	voorloop	[foǝrloǝp]
estar atrasado	agterloop	[aχtǝrloǝp]

relógio (m) de parede	muurhorlosie	[mɪr·horlosi]
ampulheta (f)	uurglas	[ɪr·χlas]
relógio (m) de sol	sonwyser	[son·wajsǝr]
despertador (m)	wekker	[vɛkkǝr]
relojoeiro (m)	horlosiemaker	[horlosi·makǝr]
reparar (vt)	herstel	[herstǝl]

Alimentação. Nutrição

35. Comida

carne (f)	vleis	[flæjs]
galinha (f)	hoender	[hundər]
frango (m)	braaikuiken	[brāj·kœiken]
pato (m)	eend	[eent]
ganso (m)	gans	[χaŋs]
caça (f)	wild	[vilt]
peru (m)	kalkoen	[kalkun]

carne (f) de porco	varkvleis	[fark·flæjs]
carne (f) de vitela	kalfsvleis	[kalfs·flæjs]
carne (f) de carneiro	lamsvleis	[lams·flæjs]
carne (f) de vaca	beesvleis	[beəs·flæjs]
carne (f) de coelho	konynvleis	[konajn·flæjs]

linguiça (f), salsichão (m)	wors	[vors]
salsicha (f)	Weense worsie	[veɛŋsə vorsi]
bacon (m)	spek	[spek]
presunto (m)	ham	[ham]
pernil (m) de porco	gerookte ham	[χeroəktə ham]

patê (m)	patee	[pateə]
fígado (m)	lewer	[levər]
guisado (m)	maalvleis	[māl·flæjs]
língua (f)	tong	[toŋ]

ovo (m)	eier	[æjer]
ovos (m pl)	eiers	[æjers]
clara (f) de ovo	eierwit	[æjer·wit]
gema (f) de ovo	dooier	[dojer]

peixe (m)	vis	[fis]
mariscos (m pl)	seekos	[seə·kos]
crustáceos (m pl)	skaaldiere	[skāldirə]
caviar (m)	kaviaar	[kafiār]

caranguejo (m)	krab	[krap]
camarão (m)	garnaal	[χarnāl]
ostra (f)	oester	[ustər]
lagosta (f)	seekreef	[seə·kreəf]
polvo (m)	seekat	[seə·kat]
lula (f)	pylinkvis	[pajl·inkfis]

esturjão (m)	steur	[støər]
salmão (m)	salm	[salm]
halibute (m)	heilbot	[hæjlbot]
bacalhau (m)	kabeljou	[kabeljæʊ]

cavala, sarda (f)	makriel	[makril]
atum (m)	tuna	[tuna]
enguia (f)	paling	[paliŋ]
truta (f)	forel	[forəl]
sardinha (f)	sardyn	[sardajn]
lúcio (m)	varswatersnoek	[farswatər·snuk]
arenque (m)	haring	[hariŋ]
pão (m)	brood	[broət]
queijo (m)	kaas	[kãs]
açúcar (m)	suiker	[sœikər]
sal (m)	sout	[sæʊt]
arroz (m)	rys	[rajs]
massas (f pl)	pasta	[pasta]
talharim, miojo (m)	noedels	[nudɛls]
manteiga (f)	botter	[bottər]
óleo (m) vegetal	plantaardige olie	[plantãrdiχə oli]
óleo (m) de girassol	sonblomolie	[sonblom·oli]
margarina (f)	margarien	[marχarin]
azeitonas (f pl)	olywe	[olajvə]
azeite (m)	olyfolie	[olajf·oli]
leite (m)	melk	[melk]
leite (m) condensado	kondensmelk	[kondɛŋs·melk]
iogurte (m)	jogurt	[joχurt]
creme (m) azedo	suurroom	[sɪr·roəm]
creme (m) de leite	room	[roəm]
maionese (f)	mayonnaise	[majonɛs]
creme (m)	crème	[krɛm]
grãos (m pl) de cereais	ontbytgraan	[ontbajt·χrãn]
farinha (f)	meelblom	[meəl·blom]
enlatados (m pl)	blikkieskos	[blikkis·kos]
flocos (m pl) de milho	mielievlokkies	[mili·flokkis]
mel (m)	heuning	[høəniŋ]
geleia (m)	konfyt	[konfajt]
chiclete (m)	kougom	[kæʊχom]

36. Bebidas

água (f)	water	[vatər]
água (f) potável	drinkwater	[drink·vatər]
água (f) mineral	mineraalwater	[minerãl·vatər]
sem gás (adj)	sonder gas	[sondər χas]
gaseificada (adj)	soda-	[soda-]
com gás	bruis-	[brœis-]
gelo (m)	ys	[ajs]

com gelo	met ys	[met ajs]
não alcoólico (adj)	nie-alkoholies	[ni-alkoholis]
refrigerante (m)	koeldrank	[kul·drank]
refresco (m)	verfrissende drank	[ferfrissendə drank]
limonada (f)	limonade	[limonadə]

bebidas (f pl) alcoólicas	likeure	[likøərə]
vinho (m)	wyn	[vajn]
vinho (m) branco	witwyn	[vit·vajn]
vinho (m) tinto	rooiwyn	[roj·vajn]

licor (m)	likeur	[likøər]
champanhe (m)	sjampanje	[ʃampanje]
vermute (m)	vermoet	[fermut]

uísque (m)	whisky	[vhiskaj]
vodca (f)	vodka	[fodka]
gim (m)	jenever	[jenefər]
conhaque (m)	brandewyn	[brandə·vajn]
rum (m)	rum	[rum]

café (m)	koffie	[koffi]
café (m) preto	swart koffie	[swart koffi]
café (m) com leite	koffie met melk	[koffi met melk]
cappuccino (m)	capuccino	[kaputʃino]
café (m) solúvel	poeierkoffie	[pujer·koffi]

leite (m)	melk	[melk]
coquetel (m)	mengeldrankie	[menχəl·dranki]
batida (f), milkshake (m)	melkskommel	[melk·skomməl]

suco (m)	sap	[sap]
suco (m) de tomate	tamatiesap	[tamati·sap]
suco (m) de laranja	lemoensap	[lemoən·sap]
suco (m) fresco	vars geparste sap	[fars χeparstə sap]

cerveja (f)	bier	[bir]
cerveja (f) clara	ligte bier	[liχtə bir]
cerveja (f) preta	donker bier	[donkər bir]

chá (m)	tee	[teə]
chá (m) preto	swart tee	[swart teə]
chá (m) verde	groen tee	[χrun teə]

37. Vegetais

| vegetais (m pl) | groente | [χruntə] |
| verdura (f) | groente | [χruntə] |

tomate (m)	tamatie	[tamati]
pepino (m)	komkommer	[komkommər]
cenoura (f)	wortel	[vortəl]
batata (f)	aartappel	[ãrtappəl]
cebola (f)	ui	[œi]

alho (m)	knoffel	[knoffəl]
couve (f)	kool	[koəl]
couve-flor (f)	blomkool	[blom·koəl]
couve-de-bruxelas (f)	Brusselspruite	[brussɛl·sprœitə]
brócolis (m pl)	broccoli	[brokoli]

beterraba (f)	beet	[beət]
berinjela (f)	eiervrug	[æjerfruχ]
abobrinha (f)	vingerskorsie	[fiŋər·skorsi]
abóbora (f)	pampoen	[pampun]
nabo (m)	raap	[rãp]

salsa (f)	pietersielie	[pitərsili]
endro, aneto (m)	dille	[dillə]
alface (f)	slaai	[slãi]
aipo (m)	seldery	[selderaj]
aspargo (m)	aspersie	[aspersi]
espinafre (m)	spinasie	[spinasi]

ervilha (f)	ertjie	[ɛrki]
feijão (~ soja, etc.)	boontjies	[boənkis]
milho (m)	mielie	[mili]
feijão (m) roxo	nierboontjie	[nir·boənki]

pimentão (m)	paprika	[paprika]
rabanete (m)	radys	[radajs]
alcachofra (f)	artisjok	[artiʃok]

38. Frutos. Nozes

fruta (f)	vrugte	[fruχtə]
maçã (f)	appel	[appəl]
pera (f)	peer	[peər]
limão (m)	suurlemoen	[sɪr·lemun]
laranja (f)	lemoen	[lemun]
morango (m)	aarbei	[ãrbæj]

tangerina (f)	nartjie	[narki]
ameixa (f)	pruim	[prœim]
pêssego (m)	perske	[perskə]
damasco (m)	appelkoos	[appɛlkoəs]
framboesa (f)	framboos	[framboəs]
abacaxi (m)	pynappel	[pajnappəl]

banana (f)	piesang	[pisaŋ]
melancia (f)	waatlemoen	[vãtlemun]
uva (f)	druif	[drœif]
ginja (f)	suurkersie	[sɪr·kersi]
cereja (f)	soetkersie	[sut·kersi]
melão (m)	spanspek	[spaŋspek]

toranja (f)	pomelo	[pomelo]
abacate (m)	avokado	[afokado]
mamão (m)	papaja	[papaja]

manga (f)	mango	[manχo]
romã (f)	granaat	[χranãt]

groselha (f) vermelha	rooi aalbessie	[roj ãlbɛssi]
groselha (f) negra	swartbessie	[swartbɛssi]
groselha (f) espinhosa	appelliefie	[appɛllifi]
mirtilo (m)	bosbessie	[bosbɛssi]
amora (f) silvestre	braambessie	[brãmbɛssi]

passa (f)	rosyntjie	[rosajnki]
figo (m)	vy	[faj]
tâmara (f)	dadel	[dadəl]

amendoim (m)	grondboontjie	[χront·boənki]
amêndoa (f)	amandel	[amandəl]
noz (f)	okkerneut	[okkər·nøət]
avelã (f)	haselneut	[hasɛl·nøət]
coco (m)	klapper	[klappər]
pistaches (m pl)	pistachio	[pistatʃio]

39. Pão. Bolaria

pastelaria (f)	soet gebak	[sut χebak]
pão (m)	brood	[broət]
biscoito (m), bolacha (f)	koekies	[kukis]

chocolate (m)	sjokolade	[ʃokoladə]
de chocolate	sjokolade	[ʃokoladə]
bala (f)	lekkers	[lɛkkərs]
doce (bolo pequeno)	koek	[kuk]
bolo (m) de aniversário	koek	[kuk]

torta (f)	pastei	[pastæj]
recheio (m)	vulsel	[fulsəl]

geleia (m)	konfyt	[konfajt]
marmelada (f)	marmelade	[marmeladə]
wafers (m pl)	wafels	[vafɛls]
sorvete (m)	roomys	[roəm·ajs]
pudim (m)	poeding	[pudiŋ]

40. Pratos cozinhados

prato (m)	gereg	[χerəχ]
cozinha (~ portuguesa)	kookkuns	[koək·kuns]
receita (f)	resep	[resep]
porção (f)	porsie	[porsi]

salada (f)	slaai	[slãi]
sopa (f)	sop	[sop]
caldo (m)	helder sop	[hɛldər sop]
sanduíche (m)	toebroodjie	[tubroədʒi]

ovos (m pl) fritos	gabakte eiers	[χabaktə æjers]
hambúrguer (m)	hamburger	[hamburχər]
bife (m)	biefstuk	[bifstuk]

acompanhamento (m)	sygereg	[saj·χerəχ]
espaguete (m)	spaghetti	[spaχɛtti]
purê (m) de batata	kapokaartappels	[kapok·ārtappəls]
pizza (f)	pizza	[pizza]
mingau (m)	pap	[pap]
omelete (f)	omelet	[oməlet]

fervido (adj)	gekook	[χekoək]
defumado (adj)	gerook	[χeroək]
frito (adj)	gebak	[χebak]
seco (adj)	gedroog	[χedroəχ]
congelado (adj)	gevries	[χefris]
em conserva (adj)	gepiekel	[χepikəl]

doce (adj)	soet	[sut]
salgado (adj)	sout	[sæʊt]
frio (adj)	koud	[kæʊt]
quente (adj)	warm	[varm]
amargo (adj)	bitter	[bittər]
gostoso (adj)	smaaklik	[smāklik]

cozinhar em água fervente	kook in water	[koək in vatər]
preparar (vt)	kook	[koək]
fritar (vt)	braai	[braj]
aquecer (vt)	opwarm	[opwarm]

salgar (vt)	sout	[sæʊt]
apimentar (vt)	peper	[pepər]
ralar (vt)	rasp	[rasp]
casca (f)	skil	[skil]
descascar (vt)	skil	[skil]

41. Especiarias

sal (m)	sout	[sæʊt]
salgado (adj)	sout	[sæʊt]
salgar (vt)	sout	[sæʊt]

pimenta-do-reino (f)	swart peper	[swart pepər]
pimenta (f) vermelha	rooi peper	[roj pepər]
mostarda (f)	mosterd	[mostert]
raiz-forte (f)	peperwortel	[peper·wortəl]

condimento (m)	smaakmiddel	[smāk·middəl]
especiaria (f)	spesery	[spesəraj]
molho (~ inglês)	sous	[sæʊs]
vinagre (m)	asyn	[asajn]

| anis estrelado (m) | anys | [anajs] |
| manjericão (m) | basilikum | [basilikum] |

cravo (m)	naeltjies	[naɛlkis]
gengibre (m)	gemmer	[χɛmmər]
coentro (m)	koljander	[koljandər]
canela (f)	kaneel	[kaneəl]

gergelim (m)	sesamsaad	[sesam·sāt]
folha (f) de louro	lourierblaar	[læʊrir·blār]
páprica (f)	paprika	[paprika]
cominho (m)	komynsaad	[komajnsāt]
açafrão (m)	saffraan	[saffrān]

42. Refeições

comida (f)	kos	[kos]
comer (vt)	eet	[eət]

café (m) da manhã	ontbyt	[ontbajt]
tomar café da manhã	ontbyt	[ontbajt]
almoço (m)	middagete	[middaχ·etə]
almoçar (vi)	gaan eet	[χān eət]
jantar (m)	aandete	[āndetə]
jantar (vi)	aandete gebruik	[āndetə χebrœik]

apetite (m)	aptyt	[aptajt]
Bom apetite!	Smaaklike ete!	[smāklikə etə!]

abrir (~ uma lata, etc.)	oopmaak	[oəpmāk]
derramar (~ líquido)	mors	[mors]
derramar-se (vr)	mors	[mors]

ferver (vi)	kook	[koək]
ferver (vt)	kook	[koək]
fervido (adj)	gekook	[χekoək]
esfriar (vt)	laat afkoel	[lāt afkul]
esfriar-se (vr)	afkoel	[afkul]

sabor, gosto (m)	smaak	[smāk]
fim (m) de boca	nasmaak	[nasmāk]

emagrecer (vi)	vermaer	[fermaər]
dieta (f)	dieet	[diət]
vitamina (f)	vitamien	[fitamin]
caloria (f)	kalorie	[kalori]

vegetariano (m)	vegetariër	[feχetariɛr]
vegetariano (adj)	vegetaries	[feχetaris]

gorduras (f pl)	vette	[fɛttə]
proteínas (f pl)	proteïen	[proteïen]
carboidratos (m pl)	koolhidrate	[koəlhidratə]

fatia (~ de limão, etc.)	snytjie	[snajki]
pedaço (~ de bolo)	stuk	[stuk]
migalha (f), farelo (m)	krummel	[krumməl]

43. Por a mesa

colher (f)	lepel	[lepəl]
faca (f)	mes	[mes]
garfo (m)	vurk	[furk]

xícara (f)	koppie	[koppi]
prato (m)	bord	[bort]
pires (m)	piering	[piriŋ]
guardanapo (m)	servet	[serfət]
palito (m)	tandestokkie	[tandə·stokki]

44. Restaurante

restaurante (m)	restaurant	[restɔurant]
cafeteria (f)	koffiekroeg	[koffi·kruχ]
bar (m), cervejaria (f)	kroeg	[kruχ]
salão (m) de chá	teekamer	[teə·kamər]

garçom (m)	kelner	[kɛlnər]
garçonete (f)	kelnerin	[kɛlnərin]
barman (m)	kroegman	[kruχman]

cardápio (m)	spyskaart	[spajs·kãrt]
lista (f) de vinhos	wyn	[vajn]
reservar uma mesa	wynkaart	[vajn·kãrt]

prato (m)	gereg	[χerəχ]
pedir (vt)	bestel	[bestəl]
fazer o pedido	bestel	[bestəl]

aperitivo (m)	drankie	[dranki]
entrada (f)	voorgereg	[foərχerəχ]
sobremesa (f)	nagereg	[naχerəχ]

conta (f)	rekening	[rekəniŋ]
pagar a conta	die rekening betaal	[di rekeniŋ betãl]
dar o troco	kleingeld gee	[klæjn·χɛlt χeə]
gorjeta (f)	fooitjie	[fojki]

Família, parentes e amigos

45. Informação pessoal. Formulários

nome (m)	voornaam	[foərnãm]
sobrenome (m)	van	[fan]
data (f) de nascimento	geboortedatum	[χeboərtə·datum]
local (m) de nascimento	geboorteplek	[χeboərtə·plek]
nacionalidade (f)	nasionaliteit	[naʃionalitæjt]
lugar (m) de residência	woonplek	[voən·plek]
país (m)	land	[lant]
profissão (f)	beroep	[berup]
sexo (m)	geslag	[χeslaχ]
estatura (f)	lengte	[leŋtə]
peso (m)	gewig	[χeveχ]

46. Membros da família. Parentes

mãe (f)	moeder	[mudər]
pai (m)	vader	[fadər]
filho (m)	seun	[søən]
filha (f)	dogter	[doχtər]
caçula (f)	jonger dogter	[joŋər doχtər]
caçula (m)	jonger seun	[joŋər søən]
filha (f) mais velha	oudste dogter	[æʊdstə doχtər]
filho (m) mais velho	oudste seun	[æʊdstə søən]
irmão (m)	broer	[brur]
irmão (m) mais velho	ouer broer	[æʊer brur]
irmão (m) mais novo	jonger broer	[joŋər brur]
irmã (f)	suster	[sustər]
irmã (f) mais velha	ouer suster	[æʊer sustər]
irmã (f) mais nova	jonger suster	[joŋər sustər]
primo (m)	neef	[neəf]
prima (f)	neef	[neəf]
mamãe (f)	ma	[ma]
papai (m)	pa	[pa]
pais (pl)	ouers	[æʊers]
criança (f)	kind	[kint]
crianças (f pl)	kinders	[kindərs]
avó (f)	ouma	[æʊma]
avô (m)	oupa	[æʊpa]

neto (m)	**kleinseun**	[klæjn·søən]
neta (f)	**kleindogter**	[klæjn·doχtər]
netos (pl)	**kleinkinders**	[klæjn·kindərs]

tio (m)	**oom**	[oəm]
tia (f)	**tante**	[tantə]
sobrinho (m)	**neef**	[neəf]
sobrinha (f)	**nig**	[niχ]

sogra (f)	**skoonma**	[skoən·ma]
sogro (m)	**skoonpa**	[skoən·pa]
genro (m)	**skoonseun**	[skoən·søən]
madrasta (f)	**stiefma**	[stifma]
padrasto (m)	**stiefpa**	[stifpa]

criança (f) de colo	**baba**	[baba]
bebê (m)	**baba**	[baba]
menino (m)	**seuntjie**	[søənki]

mulher (f)	**vrou**	[fræʊ]
marido (m)	**man**	[man]
esposo (m)	**eggenoot**	[εχχenoət]
esposa (f)	**eggenote**	[εχχenotə]

casado (adj)	**getroud**	[χetræʊt]
casada (adj)	**getroud**	[χetræʊt]
solteiro (adj)	**ongetroud**	[onχətræʊt]
solteirão (m)	**vrygesel**	[frajχesəl]
divorciado (adj)	**geskei**	[χeskæj]
viúva (f)	**weduwee**	[veduveə]
viúvo (m)	**wedunaar**	[vedunãr]

parente (m)	**familielid**	[famililit]
parente (m) próximo	**na familie**	[na famili]
parente (m) distante	**ver familie**	[fer famili]
parentes (m pl)	**familielede**	[famililedə]

órfão (m)	**weeskind**	[veəskint]
órfã (f)	**weeskind**	[veəskint]
tutor (m)	**voog**	[foəχ]
adotar (um filho)	**aanneem**	[ãnneəm]
adotar (uma filha)	**aanneem**	[ãnneəm]

Medicina

47. Doenças

doença (f)	siekte	[siktə]
estar doente	siek wees	[sik veəs]
saúde (f)	gesondheid	[χesonthæjt]
nariz (m) escorrendo	loopneus	[loəpnøəs]
amigdalite (f)	keelontsteking	[keəl·ontstekiŋ]
resfriado (m)	verkoue	[ferkæʊə]
bronquite (f)	bronchitis	[bronχitis]
pneumonia (f)	longontsteking	[loŋ·ontstekiŋ]
gripe (f)	griep	[χrip]
míope (adj)	bysiende	[bajsində]
presbita (adj)	versiende	[fersində]
estrabismo (m)	skeelheid	[skeəlhæjt]
estrábico, vesgo (adj)	skeel	[skeəl]
catarata (f)	katarak	[katarak]
glaucoma (m)	gloukoom	[χlæʊkoəm]
AVC (m), apoplexia (f)	beroerte	[berurtə]
ataque (m) cardíaco	hartaanval	[hart·ānfal]
enfarte (m) do miocárdio	hartinfark	[hart·infark]
paralisia (f)	verlamming	[ferlammiŋ]
paralisar (vt)	verlam	[ferlam]
alergia (f)	allergie	[allerχi]
asma (f)	asma	[asma]
diabetes (f)	suikersiekte	[sœikər·siktə]
dor (f) de dente	tandpyn	[tand·pajn]
cárie (f)	tandbederf	[tand·bederf]
diarreia (f)	diarree	[diarreə]
prisão (f) de ventre	hardlywigheid	[hardlajviχæjt]
desarranjo (m) intestinal	maagongesteldheid	[māχ·oŋəstɛldhæjt]
intoxicação (f) alimentar	voedselvergiftiging	[fudsəl·ferχiftəχiŋ]
intoxicar-se	voedselvergiftiging kry	[fudsəl·ferχiftəχiŋ kraj]
artrite (f)	artritis	[artritis]
raquitismo (m)	Engelse siekte	[ɛŋəlsə siktə]
reumatismo (m)	reumatiek	[røəmatik]
arteriosclerose (f)	artrosklerose	[artrosklerosə]
gastrite (f)	maagontsteking	[māχ·ontstekiŋ]
apendicite (f)	blindedermontsteking	[blindəderm·ontstekiŋ]
colecistite (f)	galblaasontsteking	[χalblās·ontstekiŋ]

úlcera (f)	maagsweer	[mãχsweər]
sarampo (m)	masels	[masɛls]
rubéola (f)	Duitse masels	[dœitsə masɛls]
icterícia (f)	geelsug	[χeəlsuχ]
hepatite (f)	hepatitis	[hepatitis]

esquizofrenia (f)	skisofrenie	[skisofreni]
raiva (f)	hondsdolheid	[hondsdolhæjt]
neurose (f)	neurose	[nøərosə]
contusão (f) cerebral	harsingskudding	[harsiŋ·skuddiŋ]

câncer (m)	kanker	[kankər]
esclerose (f)	sklerose	[sklerosə]
esclerose (f) múltipla	veelvuldige sklerose	[feəlfuldiχə sklerosə]

alcoolismo (m)	alkoholisme	[alkoholismə]
alcoólico (m)	alkoholikus	[alkoholikus]
sífilis (f)	sifilis	[sifilis]
AIDS (f)	VIGS	[vigs]

tumor (m)	tumor	[tumor]
maligno (adj)	kwaadaardig	[kwãdãrdəχ]
benigno (adj)	goedaardig	[χudãrdəχ]

febre (f)	koors	[koərs]
malária (f)	malaria	[malaria]
gangrena (f)	gangreen	[χanχreən]
enjoo (m)	seesiekte	[see·siktə]
epilepsia (f)	epilepsie	[ɛpilepsi]

epidemia (f)	epidemie	[ɛpidemi]
tifo (m)	tifus	[tifus]
tuberculose (f)	tuberkulose	[tuberkulosə]
cólera (f)	cholera	[χolera]
peste (f) bubônica	pes	[pes]

48. Sintomas. Tratamentos. Parte 1

sintoma (m)	simptoom	[simptoəm]
temperatura (f)	temperatuur	[temperatɪr]
febre (f)	koors	[koərs]
pulso (m)	polsslag	[pols·slaχ]

vertigem (f)	duiseligheid	[dœiseliχæjt]
quente (testa, etc.)	warm	[varm]
calafrio (m)	koue rillings	[kæʊə rilliŋs]
pálido (adj)	bleek	[bleək]

tosse (f)	hoes	[hus]
tossir (vi)	hoes	[hus]
espirrar (vi)	nies	[nis]
desmaio (m)	floute	[flæʊtə]
desmaiar (vi)	flou word	[flæʊ vort]
mancha (f) preta	blou kol	[blæʊ kol]

galo (m)	knop	[knop]
machucar-se (vr)	stamp	[stamp]
contusão (f)	besering	[beseriŋ]

mancar (vi)	hink	[hink]
deslocamento (f)	ontwrigting	[ontwriχtiŋ]
deslocar (vt)	ontwrig	[ontwrəχ]
fratura (f)	breuk	[brøək]
fraturar (vt)	n breuk hê	[n brøək hɛ:]

corte (m)	sny	[snaj]
cortar-se (vr)	jouself sny	[jæusɛlf snaj]
hemorragia (f)	bloeding	[bludiŋ]

| queimadura (f) | brandwond | [brant·vont] |
| queimar-se (vr) | jouself brand | [jæusɛlf brant] |

picar (vt)	prik	[prik]
picar-se (vr)	jouself prik	[jæusɛlf prik]
lesionar (vt)	seermaak	[seərmāk]
lesão (m)	besering	[beseriŋ]
ferida (f), ferimento (m)	wond	[vont]
trauma (m)	trauma	[trɔuma]

delirar (vi)	yl	[ajl]
gaguejar (vi)	stotter	[stottər]
insolação (f)	sonsteek	[sɔŋ·steək]

49. Sintomas. Tratamentos. Parte 2

| dor (f) | pyn | [pajn] |
| farpa (no dedo, etc.) | splinter | [splintər] |

suor (m)	sweet	[sweət]
suar (vi)	sweet	[sweət]
vômito (m)	braak	[brāk]
convulsões (f pl)	stuiptrekkings	[stœip·trɛkkiŋs]

grávida (adj)	swanger	[swaŋər]
nascer (vi)	gebore word	[χeborə vort]
parto (m)	geboorte	[χeboərtə]
dar à luz	baar	[bār]
aborto (m)	aborsie	[aborsi]

respiração (f)	asemhaling	[asemhaliŋ]
inspiração (f)	inaseming	[inasemiŋ]
expiração (f)	uitaseming	[œitasemiŋ]
expirar (vi)	uitasem	[œitasem]
inspirar (vi)	inasem	[inasem]

inválido (m)	invalide	[infalidə]
aleijado (m)	kreupel	[krøəpəl]
drogado (m)	dwelmslaaf	[dwɛlm·slāf]
surdo (adj)	doof	[doəf]

| mudo (adj) | stom | [stom] |
| surdo-mudo (adj) | doofstom | [doəf·stom] |

louco, insano (adj)	swaksinnig	[swaksinnəχ]
louco (m)	kranksinnige	[kranksinniχə]
louca (f)	kranksinnige	[kranksinniχə]
ficar louco	kranksinnig word	[kranksinnəχ vort]

gene (m)	geen	[χeən]
imunidade (f)	immuniteit	[immunitæjt]
hereditário (adj)	erflik	[ɛrflik]
congênito (adj)	aangebore	[ānχəborə]

vírus (m)	virus	[firus]
micróbio (m)	mikrobe	[mikrobə]
bactéria (f)	bakterie	[bakteri]
infecção (f)	infeksie	[infeksi]

50. Sintomas. Tratamentos. Parte 3

| hospital (m) | hospitaal | [hospitāl] |
| paciente (m) | pasiënt | [pasiɛnt] |

diagnóstico (m)	diagnose	[diaχnosə]
cura (f)	genesing	[χenesiŋ]
tratamento (m) médico	mediese behandeling	[medisə behandəliŋ]
curar-se (vr)	behandeling kry	[behandəliŋ kraj]
tratar (vt)	behandel	[behandəl]
cuidar (pessoa)	versorg	[fersorχ]
cuidado (m)	versorging	[fersorχiŋ]

operação (f)	operasie	[operasi]
enfaixar (vt)	verbind	[ferbint]
enfaixamento (m)	verband	[ferbant]
vacinação (f)	inenting	[inɛntiŋ]
vacinar (vt)	inent	[inɛnt]
injeção (f)	inspuiting	[inspœitiŋ]

ataque (~ de asma, etc.)	aanval	[ānfal]
amputação (f)	amputasie	[amputasi]
amputar (vt)	amputeer	[amputeər]
coma (f)	koma	[koma]
reanimação (f)	intensiewe sorg	[intɛnsivə sorχ]

recuperar-se (vr)	herstel	[herstəl]
estado (~ de saúde)	kondisie	[kondisi]
consciência (perder a ~)	bewussyn	[bevussajn]
memória (f)	geheue	[χəhøə]

tirar (vt)	trek	[trek]
obturação (f)	vulsel	[fulsəl]
obturar (vt)	vul	[ful]
hipnose (f)	hipnose	[hipnosə]
hipnotizar (vt)	hipnotiseer	[hipnotiseər]

51. Médicos

médico (m)	**dokter**	[doktər]
enfermeira (f)	**verpleegster**	[ferpleəχ·stər]
médico (m) pessoal	**lyfarts**	[lajf·arts]
dentista (m)	**tandarts**	[tand·arts]
oculista (m)	**oogarts**	[oəχ·arts]
terapeuta (m)	**internis**	[internis]
cirurgião (m)	**chirurg**	[ʃirurχ]
psiquiatra (m)	**psigiater**	[psiχiatər]
pediatra (m)	**kinderdokter**	[kindər·doktər]
psicólogo (m)	**sielkundige**	[silkundiχə]
ginecologista (m)	**ginekoloog**	[χinekoloəχ]
cardiologista (m)	**kardioloog**	[kardioloəχ]

52. Medicina. Drogas. Acessórios

medicamento (m)	**medisyn**	[medisajn]
remédio (m)	**geneesmiddel**	[χeneəs·middəl]
receitar (vt)	**voorskryf**	[foərskrajf]
receita (f)	**voorskrif**	[foərskrif]
comprimido (m)	**pil**	[pil]
unguento (m)	**salf**	[salf]
ampola (f)	**ampul**	[ampul]
solução, preparado (m)	**mengsel**	[meŋsəl]
xarope (m)	**stroop**	[stroəp]
cápsula (f)	**pil**	[pil]
pó (m)	**poeier**	[pujer]
atadura (f)	**verband**	[ferbant]
algodão (m)	**watte**	[vattə]
iodo (m)	**iodium**	[iodium]
curativo (m) adesivo	**pleister**	[plæjstər]
conta-gotas (m)	**oogdrupper**	[oəχ·druppər]
termômetro (m)	**termometer**	[termometər]
seringa (f)	**spuitnaald**	[spœit·nãlt]
cadeira (f) de rodas	**rolstoel**	[rol·stul]
muletas (f pl)	**krukke**	[krukkə]
analgésico (m)	**pynstiller**	[pajn·stillər]
laxante (m)	**lakseermiddel**	[lakseər·middəl]
álcool (m)	**spiritus**	[spiritus]
ervas (f pl) medicinais	**geneeskragtige kruie**	[χeneəs·kraχtiχə krœiə]
de ervas (chá ~)	**kruie-**	[krœie-]

HABITAT HUMANO

Cidade

53. Cidade. Vida na cidade

cidade (f)	stad	[stat]
capital (f)	hoofstad	[hoəf·stat]
aldeia (f)	dorp	[dorp]
mapa (m) da cidade	stadskaart	[stats·kārt]
centro (m) da cidade	sentrum	[sentrum]
subúrbio (m)	voorstad	[foərstat]
suburbano (adj)	voorstedelik	[foərstedelik]
periferia (f)	buitewyke	[bœitəvajkə]
arredores (m pl)	omgewing	[omχeviŋ]
quarteirão (m)	stadswyk	[stats·wajk]
quarteirão (m) residencial	woonbuurt	[voənbɪrt]
tráfego (m)	verkeer	[ferkeər]
semáforo (m)	robot	[robot]
transporte (m) público	openbare vervoer	[openbarə ferfur]
cruzamento (m)	kruispunt	[krœis·punt]
faixa (f)	sebraoorgang	[sebra·oərχaŋ]
túnel (m) subterrâneo	voetgangertonnel	[futχaŋər·tonnəl]
cruzar, atravessar (vt)	oorsteek	[oərsteək]
pedestre (m)	voetganger	[futχaŋər]
calçada (f)	sypaadjie	[saj·pādʒi]
ponte (f)	brug	[bruχ]
margem (f) do rio	wal	[val]
fonte (f)	fontein	[fontæjn]
alameda (f)	laning	[laniŋ]
parque (m)	park	[park]
bulevar (m)	boulevard	[bulefar]
praça (f)	plein	[plæjn]
avenida (f)	laan	[lān]
rua (f)	straat	[strāt]
travessa (f)	systraat	[saj·strāt]
beco (m) sem saída	doodloopstraat	[doədloəp·strāt]
casa (f)	huis	[hœis]
edifício, prédio (m)	gebou	[χebæʊ]
arranha-céu (m)	wolkekrabber	[volke·krabbər]
fachada (f)	gewel	[χevəl]
telhado (m)	dak	[dak]

janela (f)	venster	[fɛŋstər]
arco (m)	arkade	[arkadə]
coluna (f)	kolom	[kolom]
esquina (f)	hoek	[huk]

vitrine (f)	uitstalraam	[œitstalrãm]
letreiro (m)	reklamebord	[reklamə·bort]
cartaz (do filme, etc.)	plakkaat	[plakkãt]
cartaz (m) publicitário	reklameplakkaat	[reklamə·plakkãt]
painel (m) publicitário	aanplakbord	[ãnplakbort]

lixo (m)	vullis	[fullis]
lata (f) de lixo	vullisbak	[fullis·bak]
jogar lixo na rua	rommel strooi	[romməl stroj]
aterro (m) sanitário	vullishoop	[fullis·hoəp]

orelhão (m)	telefoonhokkie	[telefoən·hokki]
poste (m) de luz	lamppaal	[lamp·pãl]
banco (m)	bank	[bank]

polícia (m)	polisieman	[polisi·man]
polícia (instituição)	polisie	[polisi]
mendigo, pedinte (m)	bedelaar	[bedelãr]
desabrigado (m)	daklose	[daklosə]

54. Instituições urbanas

loja (f)	winkel	[vinkəl]
drogaria (f)	apteek	[apteək]
ótica (f)	optisiën	[optisiɛn]
centro (m) comercial	winkelsentrum	[vinkəl·sentrum]
supermercado (m)	supermark	[supermark]

padaria (f)	bakkery	[bakkeraj]
padeiro (m)	bakker	[bakkər]
pastelaria (f)	banketbakkery	[banket·bakkeraj]
mercearia (f)	kruidenierswinkel	[krœeidenirs·vinkəl]
açougue (m)	slagter	[slaχtər]

| fruteira (f) | groentewinkel | [χruntə·vinkəl] |
| mercado (m) | mark | [mark] |

cafeteria (f)	koffiekroeg	[koffi·kruχ]
restaurante (m)	restaurant	[restɔurant]
bar (m)	kroeg	[kruχ]
pizzaria (f)	pizzeria	[pizzeria]

salão (m) de cabeleireiro	haarsalon	[hãr·salon]
agência (f) dos correios	poskantoor	[pos·kantoər]
lavanderia (f)	droogskoonmakers	[droəχ·skoən·makers]
estúdio (m) fotográfico	fotostudio	[foto·studio]

| sapataria (f) | skoenwinkel | [skun·vinkəl] |
| livraria (f) | boekhandel | [buk·handəl] |

loja (f) de artigos esportivos	**sportwinkel**	[sport·vinkəl]
costureira (m)	**klereherstelwinkel**	[klerə·herstəl·vinkəl]
aluguel (m) de roupa	**klereverhuurwinkel**	[klerə·ferhɪr·vinkəl]
videolocadora (f)	**videowinkel**	[video·vinkəl]
circo (m)	**sirkus**	[sirkus]
jardim (m) zoológico	**dieretuin**	[dirə·tœin]
cinema (m)	**bioskoop**	[bioskoəp]
museu (m)	**museum**	[musøəm]
biblioteca (f)	**biblioteek**	[biblioteək]
teatro (m)	**teater**	[teatər]
ópera (f)	**opera**	[opera]
boate (casa noturna)	**nagklub**	[naχ·klup]
cassino (m)	**kasino**	[kasino]
mesquita (f)	**moskee**	[moskeə]
sinagoga (f)	**sinagoge**	[sinaχoχə]
catedral (f)	**katedraal**	[katedrãl]
templo (m)	**tempel**	[tempəl]
igreja (f)	**kerk**	[kerk]
faculdade (f)	**kollege**	[kolledʒ]
universidade (f)	**universiteit**	[unifersitæjt]
escola (f)	**skool**	[skoəl]
prefeitura (f)	**stadhuis**	[stat·hœis]
câmara (f) municipal	**stadhuis**	[stat·hœis]
hotel (m)	**hotel**	[hotəl]
banco (m)	**bank**	[bank]
embaixada (f)	**ambassade**	[ambassadə]
agência (f) de viagens	**reisagentskap**	[ræjs·aχentskap]
agência (f) de informações	**inligtingskantoor**	[inliχtiŋs·kantoər]
casa (f) de câmbio	**wisselkantoor**	[vissəl·kantoər]
metrô (m)	**metro**	[metro]
hospital (m)	**hospitaal**	[hospitãl]
posto (m) de gasolina	**petrolstasie**	[petrol·stasi]
parque (m) de estacionamento	**parkeerterrein**	[parkeər·terræjn]

55. Sinais

letreiro (m)	**reklamebord**	[reklamə·bort]
aviso (m)	**kennisgewing**	[kɛnnis·χeviŋ]
cartaz, pôster (m)	**plakkaat**	[plakkãt]
placa (f) de direção	**rigtingwyser**	[riχtiŋ·wajsər]
seta (f)	**pyl**	[pajl]
aviso (advertência)	**waarskuwing**	[vãrskuviŋ]
sinal (m) de aviso	**waarskuwingsbord**	[vãrskuviŋs·bort]
avisar, advertir (vt)	**waarsku**	[vãrsku]
dia (m) de folga	**rusdag**	[rusdaχ]

horário (~ dos trens, etc.)	diensrooster	[diŋs·roəstər]
horário (m)	besigheidsure	[besiχæjts·urə]
BEM-VINDOS!	WELKOM!	[vɛlkom!]
ENTRADA	INGANG	[inχaŋ]
SAÍDA	UITGANG	[œitχaŋ]
EMPURRE	STOOT	[stoət]
PUXE	TREK	[trek]
ABERTO	OOP	[oəp]
FECHADO	GESLUIT	[χeslœit]
MULHER	DAMES	[dames]
HOMEM	MANS	[maŋs]
DESCONTOS	AFSLAG	[afslaχ]
SALDOS, PROMOÇÃO	UITVERKOPING	[œitferkopiŋ]
NOVIDADE!	NUUT!	[nɪt!]
GRÁTIS	GRATIS	[χratis]
ATENÇÃO!	PAS OP!	[pas op!]
NÃO HÁ VAGAS	VOLBESPREEK	[folbespreək]
RESERVADO	BESPREEK	[bespreək]
ADMINISTRAÇÃO	ADMINISTRASIE	[administrasi]
SOMENTE PESSOAL	SLEGS PERSONEEL	[sleχs personeəl]
AUTORIZADO		
CUIDADO CÃO FEROZ	PAS OP VIR DIE HOND!	[pas op fir di hont!]
PROIBIDO FUMAR!	ROOK VERBODE	[roək ferbodə]
NÃO TOCAR	NIE AANRAAK NIE!	[ni ānrāk ni!]
PERIGOSO	GEVAARLIK	[χefārlik]
PERIGO	GEVAAR	[χefār]
ALTA TENSÃO	HOOGSPANNING	[hoəχ·spanniŋ]
PROIBIDO NADAR	NIE SWEM NIE	[ni swem ni]
COM DEFEITO	BUITE WERKING	[bœitə verkiŋ]
INFLAMÁVEL	ONTVLAMBAAR	[ontflambār]
PROIBIDO	VERBODE	[ferbodə]
ENTRADA PROIBIDA	TOEGANG VERBODE!	[tuχaŋ ferbode!]
CUIDADO TINTA FRESCA	NAT VERF	[nat ferf]

56. Transportes urbanos

ônibus (m)	bus	[bus]
bonde (m) elétrico	trem	[trem]
trólebus (m)	trembus	[trembus]
rota (f), itinerário (m)	busroete	[bus·rutə]
número (m)	nommer	[nommər]
ir de … (carro, etc.)	ry per …	[raj pər …]
entrar no …	inklim	[inklim]
descer do …	uitklim …	[œitklim …]

parada (f)	halte	[haltə]
próxima parada (f)	volgende halte	[folχendə haltə]
terminal (m)	eindpunt	[æjnd·punt]
horário (m)	diensrooster	[diŋs·roəstər]
esperar (vt)	wag	[vaχ]

passagem (f)	kaartjie	[kãrki]
tarifa (f)	reistarief	[ræjs·tarif]

bilheteiro (m)	kaartjieverkoper	[kãrki·ferkopər]
controle (m) de passagens	kaartjiekontrole	[kãrki·kontrolə]
revisor (m)	kontroleur	[kontroløər]

atrasar-se (vr)	laat wees	[lãt veəs]
perder (o autocarro, etc.)	mis	[mis]
estar com pressa	haastig wees	[hãstəχ veəs]

táxi (m)	taxi	[taksi]
taxista (m)	taxibestuurder	[taksi·bestɪrdər]
de táxi (ir ~)	per taxi	[pər taksi]
ponto (m) de táxis	taxistaanplek	[taksi·stãnplek]

tráfego (m)	verkeer	[ferkeər]
engarrafamento (m)	verkeersknoop	[ferkeərs·knoəp]
horas (f pl) de pico	spitsuur	[spits·ɪr]
estacionar (vi)	parkeer	[parkeər]
estacionar (vt)	parkeer	[parkeər]
parque (m) de estacionamento	parkeerterrein	[parkeər·terræjn]

metrô (m)	metro	[metro]
estação (f)	stasie	[stasi]
ir de metrô	die metro vat	[di metro fat]
trem (m)	trein	[træjn]
estação (f) de trem	treinstasie	[træjn·stasi]

57. Turismo

monumento (m)	monument	[monument]
fortaleza (f)	fort	[fort]
palácio (m)	paleis	[palæəjs]
castelo (m)	kasteel	[kasteəl]
torre (f)	toring	[toriŋ]
mausoléu (m)	mausoleum	[mɔusoløəm]

arquitetura (f)	argitektuur	[arχitektɪr]
medieval (adj)	Middeleeus	[middeliʋs]
antigo (adj)	oud	[æʋt]
nacional (adj)	nasionaal	[naʃionãl]
famoso, conhecido (adj)	bekend	[bekent]

turista (m)	toeris	[turis]
guia (pessoa)	gids	[χids]
excursão (f)	uitstappie	[œitstappi]
mostrar (vt)	wys	[vajs]

contar (vt)	vertel	[fertəl]
encontrar (vt)	vind	[fint]
perder-se (vr)	verdwaal	[ferdwãl]
mapa (~ do metrô)	kaart	[kãrt]
mapa (~ da cidade)	kaart	[kãrt]
lembrança (f), presente (m)	aandenking	[āndenkiŋ]
loja (f) de presentes	geskenkwinkel	[χeskɛnk·vinkəl]
tirar fotos, fotografar	fotografeer	[fotoχrafeər]
fotografar-se (vr)	jou portret laat maak	[jæʊ portret lãt mãk]

58. Compras

comprar (vt)	koop	[koəp]
compra (f)	aankoop	[ānkoəp]
fazer compras	inkopies doen	[inkopis dun]
compras (f pl)	inkoop	[inkoəp]
estar aberta (loja)	oop wees	[oəp veəs]
estar fechada	toe wees	[tu veəs]
calçado (m)	skoeisel	[skuisəl]
roupa (f)	klere	[klerə]
cosméticos (m pl)	kosmetika	[kosmetika]
alimentos (m pl)	voedingsware	[fudiŋs·warə]
presente (m)	present	[present]
vendedor (m)	verkoper	[ferkopər]
vendedora (f)	verkoopsdame	[ferkoəps·damə]
caixa (f)	kassier	[kassir]
espelho (m)	spieël	[spiɛl]
balcão (m)	toonbank	[toən·bank]
provador (m)	paskamer	[pas·kamər]
provar (vt)	aanpas	[ānpas]
servir (roupa, caber)	pas	[pas]
gostar (apreciar)	hou van	[hæʊ fan]
preço (m)	prys	[prajs]
etiqueta (f) de preço	pryskaartjie	[prajs·kãrki]
custar (vt)	kos	[kos]
Quanto?	Hoeveel?	[hufeəl?]
desconto (m)	afslag	[afslaχ]
não caro (adj)	billik	[billik]
barato (adj)	goedkoop	[χudkoəp]
caro (adj)	duur	[dɪr]
É caro	dis duur	[dis dɪr]
aluguel (m)	verhuur	[ferhɪr]
alugar (roupas, etc.)	verhuur	[ferhɪr]
crédito (m)	krediet	[kredit]
a crédito	op krediet	[op kredit]

59. Dinheiro

dinheiro (m)	geld	[χɛlt]
câmbio (m)	valutaruil	[faluta·rœil]
taxa (f) de câmbio	wisselkoers	[vissəl·kurs]
caixa (m) eletrônico	OTM	[o·te·em]
moeda (f)	muntstuk	[muntstuk]
dólar (m)	dollar	[dollar]
euro (m)	euro	[øəro]
lira (f)	lira	[lira]
marco (m)	Duitse mark	[dœitsə mark]
franco (m)	frank	[frank]
libra (f) esterlina	pond sterling	[pont sterliŋ]
iene (m)	yen	[jɛn]
dívida (f)	skuld	[skult]
devedor (m)	skuldenaar	[skuldenãr]
emprestar (vt)	uitleen	[œitleən]
pedir emprestado	leen	[leən]
banco (m)	bank	[bank]
conta (f)	rekening	[rekəniŋ]
depositar (vt)	deponeer	[deponeər]
sacar (vt)	trek	[trek]
cartão (m) de crédito	kredietkaart	[kredit·kãrt]
dinheiro (m) vivo	kontant	[kontant]
cheque (m)	tjek	[tʃek]
talão (m) de cheques	tjekboek	[tʃek·buk]
carteira (f)	beursie	[bøərsi]
niqueleira (f)	muntstukbeursie	[muntstuk·bøərsi]
cofre (m)	brandkas	[brant·kas]
herdeiro (m)	erfgenaam	[ɛrfχənãm]
herança (f)	erfenis	[ɛrfenis]
fortuna (riqueza)	fortuin	[fortœin]
arrendamento (m)	huur	[hɪr]
aluguel (pagar o ~)	huur	[hɪr]
alugar (vt)	huur	[hɪr]
preço (m)	prys	[prajs]
custo (m)	prys	[prajs]
soma (f)	som	[som]
gastar (vt)	spandeer	[spandeər]
gastos (m pl)	onkoste	[onkostə]
economizar (vi)	besuinig	[besœinəχ]
econômico (adj)	ekonomies	[ɛkonomis]
pagar (vt)	betaal	[betãl]
pagamento (m)	betaling	[betaliŋ]

troco (m)	wisselgeld	[vissəl·χɛlt]
imposto (m)	belasting	[belastiŋ]
multa (f)	boete	[butə]
multar (vt)	beboet	[bebut]

60. Correios. Serviço postal

agência (f) dos correios	poskantoor	[pos·kantoər]
correio (m)	pos	[pos]
carteiro (m)	posbode	[pos·bodə]
horário (m)	besigheidsure	[besiχææjts·urə]

carta (f)	brief	[brif]
carta (f) registada	geregistreerde brief	[χereχistreərdə brif]
cartão (m) postal	poskaart	[pos·kãrt]
telegrama (m)	telegram	[teleχram]
encomenda (f)	pakkie	[pakki]
transferência (f) de dinheiro	geldoorplasing	[χɛld·oərplasiŋ]

receber (vt)	ontvang	[ontfaŋ]
enviar (vt)	stuur	[stɯr]
envio (m)	versending	[fersendiŋ]

endereço (m)	adres	[adres]
código (m) postal	poskode	[pos·kodə]
remetente (m)	sender	[sendər]
destinatário (m)	ontvanger	[ontfaŋər]

| nome (m) | voornaam | [foərnãm] |
| sobrenome (m) | van | [fan] |

tarifa (f)	postarief	[pos·tarif]
ordinário (adj)	standaard	[standãrt]
econômico (adj)	ekonomies	[ɛkonomis]

peso (m)	gewig	[χeveχ]
pesar (estabelecer o peso)	weeg	[veeχ]
envelope (m)	koevert	[kufert]
selo (m) postal	posseël	[pos·seɛl]

Moradia. Casa. Lar

61. Casa. Eletricidade

eletricidade (f)	krag, elektrisiteit	[kraχ], [elektrisitæjt]
lâmpada (f)	gloeilamp	[χlui·lamp]
interruptor (m)	skakelaar	[skakəlãr]
fusível, disjuntor (m)	sekering	[sekəriŋ]
fio, cabo (m)	kabel	[kabəl]
instalação (f) elétrica	bedrading	[bedradiŋ]
medidor (m) de eletricidade	kragmeter	[kraχ·metər]
indicação (f), registro (m)	lesings	[lesiŋs]

62. Moradia. Mansão

casa (f) de campo	buitewoning	[bœitə·voniŋ]
vila (f)	landhuis	[land·hœis]
ala (~ do edifício)	vleuel	[fløəəl]
jardim (m)	tuin	[tœin]
parque (m)	park	[park]
estufa (f)	tropiese kweekhuis	[tropisə kweək·hœis]
cuidar de ...	versorg	[fersorχ]
piscina (f)	swembad	[swem·bat]
academia (f) de ginástica	gim	[χim]
quadra (f) de tênis	tennisbaan	[tɛnnis·bãn]
cinema (m)	huisteater	[hœis·teatər]
garagem (f)	garage	[χaraʒə]
propriedade (f) privada	privaat besit	[prifãt besit]
terreno (m) privado	privaateiendom	[prifãt·æjendom]
advertência (f)	waarskuwing	[vãrskuviŋ]
sinal (m) de aviso	waarskuwingsbord	[vãrskuviŋs·bort]
guarda (f)	sekuriteit	[sekuritæjt]
guarda (m)	veiligheidswag	[fæjliχæjts·waχ]
alarme (m)	diefalarm	[dif·alarm]

63. Apartamento

apartamento (m)	woonstel	[voəŋstəl]
quarto, cômodo (m)	kamer	[kamər]
quarto (m) de dormir	slaapkamer	[slãp·kamər]

sala (f) de jantar	eetkamer	[eət·kamər]
sala (f) de estar	sitkamer	[sit·kamər]
escritório (m)	studeerkamer	[studeər·kamər]
sala (f) de entrada	ingangsportaal	[inχaŋs·portāl]
banheiro (m)	badkamer	[bad·kamər]
lavabo (m)	toilet	[tojlet]
teto (m)	plafon	[plafon]
chão, piso (m)	vloer	[flur]
canto (m)	hoek	[huk]

64. Mobiliário. Interior

mobiliário (m)	meubels	[møəbɛls]
mesa (f)	tafel	[tafəl]
cadeira (f)	stoel	[stul]
cama (f)	bed	[bet]
sofá, divã (m)	rusbank	[rusbank]
poltrona (f)	gemakstoel	[χemak·stul]
estante (f)	boekkas	[buk·kas]
prateleira (f)	rak	[rak]
guarda-roupas (m)	klerekas	[klerə·kas]
cabide (m) de parede	kapstok	[kapstok]
cabideiro (m) de pé	kapstok	[kapstok]
cômoda (f)	laaikas	[lājkas]
mesinha (f) de centro	koffietafel	[koffi·tafəl]
espelho (m)	spieël	[spiɛl]
tapete (m)	mat	[mat]
tapete (m) pequeno	matjie	[maki]
lareira (f)	vuurherd	[fɪr·hert]
vela (f)	kers	[kers]
castiçal (m)	kandelaar	[kandelār]
cortinas (f pl)	gordyne	[χordajnə]
papel (m) de parede	muurpapier	[mɪr·papir]
persianas (f pl)	blindings	[blindiŋs]
luminária (f) de mesa	tafellamp	[tafəl·lamp]
luminária (f) de parede	muurlamp	[mɪr·lamp]
abajur (m) de pé	staanlamp	[stān·lamp]
lustre (m)	kroonlugter	[kroən·luχtər]
pé (de mesa, etc.)	poot	[poət]
braço, descanso (m)	armleuning	[arm·løəniŋ]
costas (f pl)	rugleuning	[ruχ·løəniŋ]
gaveta (f)	laai	[lāi]

65. Quarto de dormir

roupa (f) de cama	beddegoed	[beddə·χut]
travesseiro (m)	kussing	[kussiŋ]
fronha (f)	kussingsloop	[kussiŋ·sloəp]
cobertor (m)	duvet	[dufet]
lençol (m)	laken	[laken]
colcha (f)	bedsprei	[bed·spræj]

66. Cozinha

cozinha (f)	kombuis	[kombœis]
gás (m)	gas	[χas]
fogão (m) a gás	gasstoof	[χas·stoəf]
fogão (m) elétrico	elektriese stoof	[elektrisə stoəf]
forno (m)	oond	[oent]
forno (m) de micro-ondas	mikrogolfoond	[mikroχolf·oent]

geladeira (f)	yskas	[ajs·kas]
congelador (m)	vrieskas	[friskas]
máquina (f) de lavar louça	skottelgoedwasser	[skottɛlχud·wassər]

moedor (m) de carne	vleismeul	[flæjs·møəl]
espremedor (m)	versapper	[fersappər]
torradeira (f)	broodrooster	[broəd·roəstər]
batedeira (f)	menger	[meŋər]

máquina (f) de café	koffiemasjien	[koffi·maʃin]
cafeteira (f)	koffiepot	[koffi·pot]
moedor (m) de café	koffiemeul	[koffi·møəl]

chaleira (f)	fluitketel	[flœit·ketəl]
bule (m)	teepot	[teə·pot]
tampa (f)	deksel	[deksəl]
coador (m) de chá	teesiffie	[teə·siffi]

colher (f)	lepel	[lepəl]
colher (f) de chá	teelepeltjie	[teə·lepəlki]
colher (f) de sopa	soplepel	[sop·lepəl]
garfo (m)	vurk	[furk]
faca (f)	mes	[mes]

louça (f)	tafelgerei	[tafel·χeræj]
prato (m)	bord	[bort]
pires (m)	piering	[piriŋ]

cálice (m)	likeurglas	[likøər·χlas]
copo (m)	glas	[χlas]
xícara (f)	koppie	[koppi]

açucareiro (m)	suikerpot	[sœikər·pot]
saleiro (m)	soutvaatjie	[sæʊt·fāki]
pimenteiro (m)	pepervaatjie	[pepər·fāki]

manteigueira (f)	**botterbakkie**	[bottər·bakki]
panela (f)	**soppot**	[sop·pot]
frigideira (f)	**braaipan**	[brāj·pan]
concha (f)	**opskeplepel**	[opskep·lepəl]
coador (m)	**vergiet**	[ferχit]
bandeja (f)	**skinkbord**	[skink·bort]

garrafa (f)	**bottel**	[bottəl]
pote (m) de vidro	**fles**	[fles]
lata (~ de cerveja)	**blikkie**	[blikki]

abridor (m) de garrafa	**botteloopmaker**	[bottəl·oəpmakər]
abridor (m) de latas	**blikoopmaker**	[blik·oəpmakər]
saca-rolhas (m)	**kurktrekker**	[kurk·trɛkkər]
filtro (m)	**filter**	[filtər]
filtrar (vt)	**filter**	[filtər]

lixo (m)	**vullis**	[fullis]
lixeira (f)	**vullisbak**	[fullis·bak]

67. Casa de banho

banheiro (m)	**badkamer**	[bad·kamər]
água (f)	**water**	[vatər]
torneira (f)	**kraan**	[krān]
água (f) quente	**warme water**	[varmə vatər]
água (f) fria	**koue water**	[kæʊə vatər]

pasta (f) de dente	**tandepasta**	[tandə·pasta]
escovar os dentes	**tande borsel**	[tandə borsəl]
escova (f) de dente	**tandeborsel**	[tandə·borsəl]

barbear-se (vr)	**skeer**	[skeər]
espuma (f) de barbear	**skeerroom**	[skeər·roəm]
gilete (f)	**skeermes**	[skeər·mes]

lavar (vt)	**was**	[vas]
tomar banho	**bad**	[bat]
chuveiro (m), ducha (f)	**stort**	[stort]
tomar uma ducha	**stort**	[stort]

banheira (f)	**bad**	[bat]
vaso (m) sanitário	**toilet**	[tojlet]
pia (f)	**wasbak**	[vas·bak]

sabonete (m)	**seep**	[seəp]
saboneteira (f)	**seepbakkie**	[seəp·bakki]

esponja (f)	**spons**	[spɔŋs]
xampu (m)	**sjampoe**	[ʃampu]
toalha (f)	**handdoek**	[handduk]
roupão (m) de banho	**badjas**	[batjas]
lavagem (f)	**was**	[vas]
lavadora (f) de roupas	**wasmasjien**	[vas·maʃin]

| lavar a roupa | die wasgoed was | [di vasχut vas] |
| detergente (m) | waspoeier | [vas·pujer] |

68. Eletrodomésticos

televisor (m)	TV-stel	[te·fe·stəl]
gravador (m)	bandspeler	[band·spelər]
videogravador (m)	videomasjien	[video·maʃin]
rádio (m)	radio	[radio]
leitor (m)	speler	[spelər]

projetor (m)	videoprojektor	[video·projektor]
cinema (m) em casa	tuisfliekteater	[tœis·flik·teatər]
DVD Player (m)	DVD-speler	[de·fe·de-spelər]
amplificador (m)	versterker	[fersterkər]
console (f) de jogos	videokonsole	[video·kɔŋsole]

câmera (f) de vídeo	videokamera	[video·kamera]
máquina (f) fotográfica	kamera	[kamera]
câmera (f) digital	digitale kamera	[diχitale kamera]

aspirador (m)	stofsuier	[stof·sœier]
ferro (m) de passar	strykyster	[strajk·ajstər]
tábua (f) de passar	strykplank	[strajk·plank]

telefone (m)	telefoon	[telefoən]
celular (m)	selfoon	[sɛlfoən]
máquina (f) de escrever	tikmasjien	[tik·maʃin]
máquina (f) de costura	naaimasjien	[naj·maʃin]

microfone (m)	mikrofoon	[mikrofoən]
fone (m) de ouvido	koptelefoon	[kop·telefoən]
controle remoto (m)	afstandsbeheer	[afstands·beheer]

CD (m)	CD	[se·de]
fita (f) cassete	kasset	[kasset]
disco (m) de vinil	plaat	[plãt]

ATIVIDADES HUMANAS

Emprego. Negócios. Parte 1

69. Escritório. O trabalho no escritório

escritório (~ de advogados)	kantoor	[kantoər]
escritório (do diretor, etc.)	kantoor	[kantoər]
recepção (f)	ontvangs	[ontfaŋs]
secretário (m)	sekretaris	[sekretaris]
secretária (f)	sekretaresse	[sekretarɛssə]
diretor (m)	direkteur	[direktøər]
gerente (m)	bestuurder	[bestɪrdər]
contador (m)	boekhouer	[bukhæʊər]
empregado (m)	werknemer	[verknemər]
mobiliário (m)	meubels	[møəbɛls]
mesa (f)	lessenaar	[lɛssenãr]
cadeira (f)	draaistoel	[drãj·stul]
gaveteiro (m)	laaikas	[lãjkas]
cabideiro (m) de pé	kapstok	[kapstok]
computador (m)	rekenaar	[rekənãr]
impressora (f)	drukker	[drukkər]
fax (m)	faksmasjien	[faks·maʃin]
fotocopiadora (f)	fotostaatmasjien	[fotostãt·maʃin]
papel (m)	papier	[papir]
artigos (m pl) de escritório	kantoorbenodigdhede	[kantoər·benodiχdhedə]
tapete (m) para mouse	muismatjie	[mœis·maki]
folha (f)	blaai	[blãi]
pasta (f)	binder	[bindər]
catálogo (m)	katalogus	[kataloχus]
lista (f) telefônica	telefoongids	[telefoən·χids]
documentação (f)	dokumentasie	[dokumentasi]
brochura (f)	brosjure	[broʃurə]
panfleto (m)	strooibiljet	[stroj·biljet]
amostra (f)	monsterkaart	[mɔŋstər·kãrt]
formação (f)	opleidingsvergadering	[oplæjdiŋs·ferχaderiŋ]
reunião (f)	vergadering	[ferχaderiŋ]
hora (f) de almoço	middagpouse	[middaχ·pæʊsə]
tirar cópias	aantal kopieë maak	[ãntal kopiɛ mãk]
fazer uma chamada	bel	[bəl]
responder (vt)	antwoord	[antwoərt]
passar (vt)	deursit	[døərsit]

marcar (vt)	**reël**	[reɛl]
demonstrar (vt)	**demonstreer**	[demɔŋstreər]
estar ausente	**afwesig wees**	[afwesəχ veəs]
ausência (f)	**afwesigheid**	[afwesiχæjt]

70. Processos negociais. Parte 1

negócio (m)	**besigheid**	[besiχæjt]
ocupação (f)	**beroep**	[berup]
firma, empresa (f)	**firma**	[firma]
companhia (f)	**maatskappy**	[mãtskappaj]
corporação (f)	**korporasie**	[korporasi]
empresa (f)	**onderneming**	[ondərnemiŋ]
agência (f)	**agentskap**	[aχentskap]
acordo (documento)	**ooreenkoms**	[oəreənkoms]
contrato (m)	**kontrak**	[kontrak]
acordo (transação)	**transaksie**	[traŋsaksi]
pedido (m)	**bestelling**	[bestɛlliŋ]
termos (m pl)	**voorwaarde**	[foərwãrdə]
por atacado	**groothandels-**	[χroət·handəls-]
por atacado (adj)	**groothandels-**	[χroət·handəls-]
venda (f) por atacado	**groothandel**	[χroət·handəl]
a varejo	**kleinhandels-**	[klæjn·handəls-]
venda (f) a varejo	**kleinhandel**	[klæjn·handəl]
concorrente (m)	**konkurrent**	[konkurrent]
concorrência (f)	**konkurrensie**	[konkurreŋsi]
competir (vi)	**kompeteer**	[kompeteər]
sócio (m)	**vennoot**	[fɛnnoət]
parceria (f)	**vennootskap**	[fɛnnoətskap]
crise (f)	**krisis**	[krisis]
falência (f)	**bankrotskap**	[bankrotskap]
entrar em falência	**bankrot speel**	[bankrot speəl]
dificuldade (f)	**moeilikheid**	[muilikhæjt]
problema (m)	**probleem**	[probleəm]
catástrofe (f)	**katastrofe**	[katastrofə]
economia (f)	**ekonomie**	[ɛkonomi]
econômico (adj)	**ekonomiese**	[ɛkonomisə]
recessão (f) econômica	**ekonomiese agteruitgang**	[ɛkonomisə aχtər·œitχaŋ]
objetivo (m)	**doel**	[dul]
tarefa (f)	**opdrag**	[opdraχ]
comerciar (vi, vt)	**handel**	[handəl]
rede (de distribuição)	**netwerk**	[netwerk]
estoque (m)	**voorraad**	[foərrãt]
sortimento (m)	**reeks**	[reəks]
líder (m)	**leier**	[læjer]

| grande (~ empresa) | groot | [χroət] |
| monopólio (m) | monopolie | [monopoli] |

teoria (f)	teorie	[teori]
prática (f)	praktyk	[praktajk]
experiência (f)	ervaring	[ɛrfariŋ]
tendência (f)	tendens	[tendɛŋs]
desenvolvimento (m)	ontwikkeling	[ontwikkeliŋ]

71. Processos negociais. Parte 2

| rentabilidade (f) | wins | [vins] |
| rentável (adj) | voordelig | [foərdeləχ] |

delegação (f)	delegasie	[deleχasi]
salário, ordenado (m)	salaris	[salaris]
corrigir (~ um erro)	korrigeer	[korriχeər]
viagem (f) de negócios	sakereis	[sakeræjs]
comissão (f)	kommissie	[kommissi]

controlar (vt)	kontroleer	[kontroleər]
conferência (f)	konferensie	[konferɛŋsi]
licença (f)	lisensie	[lisɛŋsi]
confiável (adj)	betroubaar	[betræubār]

empreendimento (m)	inisiatief	[inisiatif]
norma (f)	norm	[norm]
circunstância (f)	omstandigheid	[omstandiχæjt]
dever (do empregado)	taak	[tāk]

empresa (f)	organisasie	[orχanisasi]
organização (f)	organisasie	[orχanisasi]
organizado (adj)	georganiseer	[χeorχaniseər]
anulação (f)	kansellering	[kaŋsɛlleriŋ]
anular, cancelar (vt)	kanselleer	[kaŋsɛlleər]
relatório (m)	verslag	[ferslaχ]

patente (f)	patent	[patent]
patentear (vt)	patenteer	[patenteər]
planejar (vt)	beplan	[beplan]

bônus (m)	bonus	[bonus]
profissional (adj)	professioneel	[profɛssioneəl]
procedimento (m)	prosedure	[prosedurə]

examinar (~ a questão)	ondersoek	[ondərsuk]
cálculo (m)	berekening	[berekeniŋ]
reputação (f)	reputasie	[reputasi]
risco (m)	risiko	[risiko]

dirigir (~ uma empresa)	beheer	[beheər]
informação (f)	informasie	[informasi]
propriedade (f)	eiendom	[æjendom]
união (f)	unie	[uni]

seguro (m) de vida	lewensversekering	[levɛŋs·fersekeriŋ]
fazer um seguro	verseker	[fersekər]
seguro (m)	versekering	[fersekeriŋ]

leilão (m)	veiling	[fæjliŋ]
notificar (vt)	laat weet	[lāt veət]
gestão (f)	beheer	[beheər]
serviço (indústria de ~s)	diens	[diŋs]

fórum (m)	forum	[forum]
funcionar (vi)	funksioneer	[funksioneər]
estágio (m)	stadium	[stadium]
jurídico, legal (adj)	regs-	[reχs-]
advogado (m)	regsgeleerde	[reχs·χeleərdə]

72. Produção. Trabalhos

usina (f)	fabriek	[fabrik]
fábrica (f)	fabriek	[fabrik]
oficina (f)	werkplek	[verkplek]
local (m) de produção	bedryf	[bedrajf]

indústria (f)	industrie	[industri]
industrial (adj)	industrieel	[industriəl]
indústria (f) pesada	swaar industrie	[swār industri]
indústria (f) ligeira	ligte industrie	[liχtə industri]

produção (f)	produkte	[produktə]
produzir (vt)	produseer	[produseər]
matérias-primas (f pl)	grondstowwe	[χront·stowə]

chefe (m) de obras	voorman	[foərman]
equipe (f)	werkspan	[verks·pan]
operário (m)	werker	[verkər]

dia (m) de trabalho	werksdag	[verks·daχ]
intervalo (m)	pouse	[pæʊsə]
reunião (f)	vergadering	[ferχaderiŋ]
discutir (vt)	bespreek	[bespreək]

plano (m)	plan	[plan]
cumprir o plano	die plan uitvoer	[di plan œitfur]
taxa (f) de produção	produksienorm	[produksi·norm]
qualidade (f)	kwaliteit	[kwalitæjt]
controle (m)	kontrole	[kontrolə]
controle (m) da qualidade	kwaliteitskontrole	[kwalitæjts·kontrolə]

segurança (f) no trabalho	werkplekveiligheid	[verkplek·fæjliχæjt]
disciplina (f)	dissipline	[dissiplinə]
infração (f)	oortreding	[oərtrediŋ]
violar (as regras)	oortree	[oərtreə]

| greve (f) | staking | [stakiŋ] |
| grevista (m) | staker | [stakər] |

estar em greve	**staak**	[stāk]
sindicato (m)	**vakbond**	[fakbont]
inventar (vt)	**uitvind**	[œitfint]
invenção (f)	**uitvinding**	[œitfindiŋ]
pesquisa (f)	**navorsing**	[naforsiŋ]
melhorar (vt)	**verbeter**	[ferbetər]
tecnologia (f)	**tegnologie**	[teχnoloχi]
desenho (m) técnico	**tegniese tekening**	[teχnisə tekəniŋ]
carga (f)	**vrag**	[fraχ]
carregador (m)	**laaier**	[lājer]
carregar (o caminhão, etc.)	**laai**	[lāi]
carregamento (m)	**laai**	[lāi]
descarregar (vt)	**uitlaai**	[œitlāi]
descarga (f)	**uitlaai**	[œitlāi]
transporte (m)	**vervoer**	[ferfur]
companhia (f) de transporte	**vervoermaatskappy**	[ferfur·mātskappaj]
transportar (vt)	**vervoer**	[ferfur]
vagão (m) de carga	**trok**	[trok]
tanque (m)	**tenk**	[tɛnk]
caminhão (m)	**vragmotor**	[fraχ·motor]
máquina (f) operatriz	**werktuigmasjien**	[verktœiχ·maʃin]
mecanismo (m)	**meganisme**	[meχanismə]
resíduos (m pl) industriais	**industriële afval**	[industriɛlə affal]
embalagem (f)	**verpakking**	[ferpakkiŋ]
embalar (vt)	**verpak**	[ferpak]

73. Contrato. Acordo

contrato (m)	**kontrak**	[kontrak]
acordo (m)	**ooreenkoms**	[oəreənkoms]
adendo, anexo (m)	**addendum**	[addendum]
assinatura (f)	**handtekening**	[hand·tekəniŋ]
assinar (vt)	**onderteken**	[ondərtekən]
carimbo (m)	**stempel**	[stempəl]
objeto (m) do contrato	**onderwerp van ooreenkoms**	[ondərwerp fan oəreənkoms]
cláusula (f)	**klousule**	[klæʊsulə]
partes (f pl)	**partye**	[partaje]
domicílio (m) legal	**wetlike adres**	[vetlikə adres]
violar o contrato	**die kontrak verbreek**	[di kontrak ferbreək]
obrigação (f)	**verpligting**	[ferpliχtiŋ]
responsabilidade (f)	**verantwoordelikheid**	[ferant·voərdelikhæjt]
força (f) maior	**oormag**	[oərmaχ]
litígio (m), disputa (f)	**geskil**	[χeskil]
multas (f pl)	**boete**	[butə]

74. Importação & Exportação

importação (f)	invoer	[infur]
importador (m)	invoerder	[infurdər]
importar (vt)	invoer	[infur]
de importação	invoer-	[infur-]
exportação (f)	uitvoer	[œitfur]
exportador (m)	uitvoerder	[œitfurdər]
exportar (vt)	uitvoer	[œitfur]
de exportação	uitvoer-	[œitfur-]
mercadoria (f)	goedere	[χuderə]
lote (de mercadorias)	besending	[besendiŋ]
peso (m)	gewig	[χevəχ]
volume (m)	volume	[folumə]
metro (m) cúbico	kubieke meter	[kubikə metər]
produtor (m)	produsent	[produsent]
companhia (f) de transporte	vervoermaatskappy	[ferfur·mātskappaj]
contêiner (m)	houer	[hæʋər]
fronteira (f)	grens	[χrɛŋs]
alfândega (f)	doeane	[duanə]
taxa (f) alfandegária	doeanereg	[duanə·reχ]
funcionário (m) da alfândega	doeanebeampte	[duanə·beamptə]
contrabando (atividade)	smokkel	[smokkəl]
contrabando (produtos)	smokkelgoed	[smokkəl·χut]

75. Finanças

ação (f)	aandeel	[āndeəl]
obrigação (f)	obligasie	[obliχasi]
nota (f) promissória	promesse	[promɛssə]
bolsa (f) de valores	beurs	[bøørs]
cotação (m) das ações	aandeelkoers	[āndeəl·kurs]
tornar-se mais barato	daal	[dāl]
tornar-se mais caro	styg	[stajχ]
parte (f)	aandeel	[āndeəl]
participação (f) majoritária	meerderheidsbelang	[meərderhæjts·belaŋ]
investimento (m)	belegging	[beleχχiŋ]
investir (vt)	belê	[belɛ:]
porcentagem (f)	persent	[persent]
juros (m pl)	rente	[rentə]
lucro (m)	wins	[vins]
lucrativo (adj)	voordelig	[foərdeləχ]
imposto (m)	belasting	[belastiŋ]

divisa (f)	**valuta**	[faluta]
nacional (adj)	**nasionaal**	[naʃionāl]
câmbio (m)	**wissel**	[vissəl]

contador (m)	**boekhouer**	[bukhæʊər]
contabilidade (f)	**boekhouding**	[bukhæʊdiŋ]

falência (f)	**bankrotskap**	[bankrotskap]
falência, quebra (f)	**ineenstorting**	[ineɛŋstortiŋ]
ruína (f)	**bankrotskap**	[bankrotskap]
estar quebrado	**geruïneer wees**	[χeruïneər veəs]
inflação (f)	**inflasie**	[inflasi]
desvalorização (f)	**devaluasie**	[defaluasi]

capital (m)	**kapitaal**	[kapitāl]
rendimento (m)	**inkomste**	[inkomstə]
volume (m) de negócios	**omset**	[omset]
recursos (m pl)	**hulpbronne**	[hulpbronnə]
recursos (m pl) financeiros	**monetêre hulpbronne**	[monetærə hulpbronnə]

despesas (f pl) gerais	**oorhoofse koste**	[oərhoəfsə kostə]
reduzir (vt)	**verminder**	[fermindər]

76. Marketing

marketing (m)	**bemarking**	[bemarkiŋ]
mercado (m)	**mark**	[mark]
segmento (m) do mercado	**marksegment**	[mark·seχment]
produto (m)	**produk**	[produk]
mercadoria (f)	**goedere**	[χuderə]

marca (f)	**merk**	[merk]
marca (f) registrada	**handelsmerk**	[handəls·merk]
logotipo (m)	**logo**	[loχo]
logo (m)	**logo**	[loχo]
demanda (f)	**vraag**	[frāχ]
oferta (f)	**aanbod**	[ānbot]
necessidade (f)	**behoefte**	[behuftə]
consumidor (m)	**verbruiker**	[ferbrœikər]

análise (f)	**analise**	[analisə]
analisar (vt)	**analiseer**	[analiseər]
posicionamento (m)	**plasing**	[plasiŋ]
posicionar (vt)	**plaas**	[plās]
preço (m)	**prys**	[prajs]
política (f) de preços	**prysbeleid**	[prajs·belæjt]
formação (f) de preços	**prysvorming**	[prajs·formiŋ]

77. Publicidade

publicidade (f)	**reklame**	[reklamə]
fazer publicidade	**adverteer**	[adferteər]

orçamento (m)	begroting	[beχrotiŋ]
anúncio (m)	advertensie	[adfertɛŋsi]
publicidade (f) na TV	TV-advertensie	[te·fe-adfertɛŋsi]
publicidade (f) na rádio	radioreklame	[radio·reklamə]
publicidade (f) exterior	buitereklame	[bœitə·reklamə]

comunicação (f) de massa	massamedia	[massa·media]
periódico (m)	tydskrif	[tajdskrif]
imagem (f)	imago	[imaχo]

| slogan (m) | slagspreuk | [slaχ·sprøøk] |
| mote (m), lema (f) | motto | [motto] |

campanha (f)	veldtog	[fɛldtoχ]
campanha (f) publicitária	reklameveldtog	[reklamə·fɛldtoχ]
grupo (m) alvo	doelgroep	[dul·χrup]

cartão (m) de visita	besigheidskaartjie	[besiχæjts·kãrki]
panfleto (m)	strooibiljet	[stroj·biljet]
brochura (f)	brosjure	[broʃurə]
folheto (m)	pamflet	[pamflet]
boletim (~ informativo)	nuusbrief	[nɪsbrif]

letreiro (m)	reklamebord	[reklamə·bort]
cartaz, pôster (m)	plakkaat	[plakkãt]
painel (m) publicitário	aanplakbord	[ãnplakbort]

78. Banca

| banco (m) | bank | [bank] |
| balcão (f) | tak | [tak] |

| consultor (m) bancário | bankklerk | [bank·klerk] |
| gerente (m) | bestuurder | [bestɪrdər] |

conta (f)	bankrekening	[bank·rekəniŋ]
número (m) da conta	rekeningnommer	[rekəniŋ·nommər]
conta (f) corrente	tjekrekening	[ʧek·rekəniŋ]
conta (f) poupança	spaarrekening	[spãr·rekəniŋ]

| fechar uma conta | die rekening sluit | [di rekəniŋ slœit] |
| sacar (vt) | trek | [trek] |

depósito (m)	deposito	[deposito]
transferência (f) bancária	telegrafiese oorplasing	[teleχrafisə oərplasiŋ]
transferir (vt)	oorplaas	[oərplãs]

| soma (f) | som | [som] |
| Quanto? | Hoeveel? | [hufeəl?] |

assinatura (f)	handtekening	[hand·tekəniŋ]
assinar (vt)	onderteken	[ondərtekən]
cartão (m) de crédito	kredietkaart	[kredit·kãrt]
senha (f)	kode	[kodə]

| número (m) do cartão de crédito | kredietkaartnommer | [kredit·kārt·nommər] |
| caixa (m) eletrônico | OTM | [o·te·em] |

| cheque (m) | tjek | [tʃek] |
| talão (m) de cheques | tjekboek | [tʃek·buk] |

| empréstimo (m) | lening | [leniŋ] |
| garantia (f) | waarborg | [vārborχ] |

79. Telefone. Conversação telefônica

telefone (m)	telefoon	[telefoən]
celular (m)	selfoon	[sɛlfoən]
secretária (f) eletrônica	antwoordmasjien	[antwoərt·maʃin]

| fazer uma chamada | bel | [bəl] |
| chamada (f) | oproep | [oprup] |

Alô!	Hallo!	[hallo!]
perguntar (vt)	vra	[fra]
responder (vt)	antwoord	[antwoərt]

ouvir (vt)	hoor	[hoər]
bem	goed	[χut]
mal	nie goed nie	[ni χut ni]
ruído (m)	steurings	[støəriŋs]

fone (m)	gehoorstuk	[χehoərstuk]
pegar o telefone	optel	[optəl]
desligar (vi)	afskakel	[afskakəl]

ocupado (adj)	besig	[besəχ]
tocar (vi)	lui	[lœi]
lista (f) telefônica	telefoongids	[telefoən·χids]

local (adj)	lokale	[lokalə]
chamada (f) local	lokale oproep	[lokalə oprup]
de longa distância	langafstand	[lanχ·afstant]
chamada (f) de longa distância	langafstand oproep	[lanχ·afstant oprup]
internacional (adj)	internasionale	[internaʃionalə]
chamada (f) internacional	internasionale oproep	[internaʃionalə oprup]

80. Telefone móvel

celular (m)	selfoon	[sɛlfoən]
tela (f)	skerm	[skerm]
botão (m)	knoppie	[knoppi]
cartão SIM (m)	SIMkaart	[sim·kārt]
bateria (f)	battery	[battəraj]
descarregar-se (vr)	pap wees	[pap veəs]

carregador (m)	batterylaaier	[battəraj·lajer]
menu (m)	spyskaart	[spajs·kãrt]
configurações (f pl)	instellings	[instɛlliŋs]
melodia (f)	wysie	[vajsi]
escolher (vt)	kies	[kis]

calculadora (f)	sakrekenaar	[sakrekənãr]
correio (m) de voz	stempos	[stem·pos]
despertador (m)	wekker	[vɛkkər]
contatos (m pl)	kontakte	[kontaktə]

| mensagem (f) de texto | SMS | [es·em·es] |
| assinante (m) | intekenaar | [intekənãr] |

81. Estacionário

| caneta (f) | bolpen | [bol·pen] |
| caneta (f) tinteiro | vulpen | [ful·pen] |

lápis (m)	potlood	[potloət]
marcador (m) de texto	merkpen	[merk·pen]
caneta (f) hidrográfica	viltpen	[filt·pen]

| bloco (m) de notas | notaboekie | [nota·buki] |
| agenda (f) | dagboek | [daχ·buk] |

régua (f)	liniaal	[liniãl]
calculadora (f)	sakrekenaar	[sakrekənãr]
borracha (f)	uitveër	[œitfeɛr]
alfinete (m)	duimspyker	[dœim·spajkər]
clipe (m)	skuifspeld	[skœif·spɛlt]

cola (f)	gom	[χom]
grampeador (m)	krammasjien	[kram·maʃin]
furador (m) de papel	ponsmasjien	[poŋs·maʃin]
apontador (m)	skerpmaker	[skerp·makər]

82. Tipos de negócios

| serviços (m pl) de contabilidade | boekhoudienste | [bukhæʊ·diŋstə] |

publicidade (f)	reklame	[reklamə]
agência (f) de publicidade	reklameburo	[reklamə·buro]
ar (m) condicionado	lugversorger	[luχfersorχər]
companhia (f) aérea	lugredery	[luχrederaj]

bebidas (f pl) alcoólicas	alkoholiese dranke	[alkoholisə drankə]
comércio (m) de antiguidades	antiek	[antik]
galeria (f) de arte	kunsgalery	[kuns·χaleraj]
serviços (m pl) de auditoria	ouditeursdienste	[æʊditøərs·diŋstə]
negócios (m pl) bancários	bankwese	[bankwesə]
bar (m)	kroeg	[kruχ]

salão (m) de beleza	skoonheidssalon	[skoənhæjts·salon]
livraria (f)	boekhandel	[buk·handəl]
cervejaria (f)	brouery	[bræʊeraj]
centro (m) de escritórios	sakesentrum	[sakə·sentrum]
escola (f) de negócios	besigheidsskool	[besiχæjts·skoəl]
cassino (m)	kasino	[kasino]
construção (f)	boubedryf	[bæʊbedrajf]
consultoria (f)	advieskantoor	[adfis·kantoər]
clínica (f) dentária	tandekliniek	[tandə·klinik]
design (m)	ontwerp	[ontwerp]
drogaria (f)	apteek	[apteək]
lavanderia (f)	droogskoonmakers	[droəχ·skoən·makers]
agência (f) de emprego	arbeidsburo	[arbæjds·buro]
serviços (m pl) financeiros	finansiële dienste	[finaŋsiɛlə diŋstə]
alimentos (m pl)	voedingsware	[fudiŋs·warə]
funerária (f)	begrafnisonderneming	[beχrafnis·ondərnemiŋ]
mobiliário (m)	meubels	[møəbɛls]
roupa (f)	klerasie	[klerasi]
hotel (m)	hotel	[hotəl]
sorvete (m)	roomys	[roəm·ajs]
indústria (f)	industrie	[industri]
seguro (~ de vida, etc.)	versekering	[fersekeriŋ]
internet (f)	internet	[internet]
investimento (m)	investerings	[infesteriŋs]
joalheiro (m)	juwelier	[juvelir]
joias (f pl)	juweliersware	[juvelirs·warə]
lavanderia (f)	wassery	[vasseraj]
assessorias (f pl) jurídicas	regsadviseur	[reχs·adfisøər]
indústria (f) ligeira	ligte industrie	[liχtə industri]
revista (f)	tydskrif	[tajdskrif]
vendas (f pl) por catálogo	posorderbedryf	[pos·ordər·bedrajf]
medicina (f)	geneesmiddels	[χeneəs·middəls]
cinema (m)	bioskoop	[bioskoəp]
museu (m)	museum	[musøəm]
agência (f) de notícias	nuusagentskap	[nɪs·aχentskap]
jornal (m)	koerant	[kurant]
boate (casa noturna)	nagklub	[naχ·klup]
petróleo (m)	olie	[oli]
serviços (m pl) de remessa	koerierdienste	[kurir·diŋstə]
indústria (f) farmacêutica	farmasie	[farmasi]
tipografia (f)	drukkery	[drukkəraj]
editora (f)	uitgewery	[œitχeværaj]
rádio (m)	radio	[radio]
imobiliário (m)	eiendom	[æjendom]
restaurante (m)	restaurant	[restɔurant]
empresa (f) de segurança	sekuriteitsfirma	[sekuritæjts·firma]
esporte (m)	sport	[sport]

bolsa (f) de valores	beurs	[bøərs]
loja (f)	winkel	[vinkəl]
supermercado (m)	supermark	[supermark]
piscina (f)	swembad	[swem·bat]

alfaiataria (f)	kleremaker	[klerə·makər]
televisão (f)	televisie	[telefisi]
teatro (m)	teater	[teatər]
comércio (m)	handel	[handəl]
serviços (m pl) de transporte	vervoer	[ferfur]
viagens (f pl)	reisbedryf	[ræjs·bedrajf]

veterinário (m)	veearts	[fee·arts]
armazém (m)	pakhuis	[pak·hœis]
recolha (f) do lixo	afvalinsameling	[affal·insameliŋ]

Emprego. Negócios. Parte 2

83. Espetáculo. Feira

feira, exposição (f)	skou	[skæʊ]
feira (f) comercial	handelsskou	[handəls·skæʊ]
participação (f)	deelneming	[deəlnemiŋ]
participar (vi)	deelneem	[deəlneəm]
participante (m)	deelnemer	[deəlnemər]
diretor (m)	bestuurder	[bestɪrdər]
direção (f)	organisasiekantoor	[orχanisasi·kantoər]
organizador (m)	organiseerder	[orχaniseərdər]
organizar (vt)	organiseer	[orχaniseər]
ficha (f) de inscrição	deelnemingsvorm	[deəlnemiŋs·form]
preencher (vt)	invul	[inful]
detalhes (m pl)	besonderhede	[besondərhedə]
informação (f)	informasie	[informasi]
preço (m)	prys	[prajs]
incluindo	insluitend	[inslœitent]
incluir (vt)	insluit	[inslœit]
pagar (vt)	betaal	[betāl]
taxa (f) de inscrição	registrasiefooi	[reχistrasi·foj]
entrada (f)	ingang	[inχaŋ]
pavilhão (m), salão (f)	paviljoen	[pafiljun]
inscrever (vt)	registreer	[reχistreər]
crachá (m)	lapelkaart	[lapəl·kārt]
stand (m)	stalletjie	[stalləki]
reservar (vt)	bespreek	[bespreək]
vitrine (f)	uistalkas	[œistalkas]
lâmpada (f)	kollig	[kolləχ]
design (m)	ontwerp	[ontwerp]
pôr (posicionar)	sit	[sit]
ser colocado, -a	geplaas wees	[χeplās veəs]
distribuidor (m)	verdeler	[ferdelər]
fornecedor (m)	verskaffer	[ferskaffər]
fornecer (vt)	verskaf	[ferskaf]
país (m)	land	[lant]
estrangeiro (adj)	buitelands	[bœitəlands]
produto (m)	produk	[produk]
associação (f)	vereniging	[ferenəχiŋ]
sala (f) de conferência	konferensiesaal	[konferɛŋsi·sāl]

| congresso (m) | kongres | [konχres] |
| concurso (m) | wedstryd | [vedstrajt] |

visitante (m)	besoeker	[besukər]
visitar (vt)	besoek	[besuk]
cliente (m)	kliënt	[kliɛnt]

84. Ciência. Investigação. Cientistas

ciência (f)	wetenskap	[vetɛŋskap]
científico (adj)	wetenskaplik	[vetɛŋskaplik]
cientista (m)	wetenskaplike	[vetɛŋskaplikə]
teoria (f)	teorie	[teori]

axioma (m)	aksioma	[aksioma]
análise (f)	analise	[analisə]
analisar (vt)	analiseer	[analiseər]
argumento (m)	argument	[arχument]
substância (f)	substansie	[substaŋsi]

hipótese (f)	hipotese	[hipotesə]
dilema (m)	dilemma	[dilɛmma]
tese (f)	proefskrif	[prufskrif]
dogma (m)	dogma	[doχma]

doutrina (f)	doktrine	[doktrinə]
pesquisa (f)	navorsing	[naforsiŋ]
pesquisar (vt)	navors	[nafors]
testes (m pl)	toetse	[tutsə]
laboratório (m)	laboratorium	[laboratorium]

método (m)	metode	[metodə]
molécula (f)	molekule	[molekulə]
monitoramento (m)	monitering	[moniteriŋ]
descoberta (f)	ontdekking	[ontdɛkkiŋ]

postulado (m)	postulaat	[postulāt]
princípio (m)	beginsel	[beχinsəl]
prognóstico (previsão)	voorspelling	[foərspɛlliŋ]
prognosticar (vt)	voorspel	[foərspəl]

síntese (f)	sintese	[sintesə]
tendência (f)	tendens	[tendɛŋs]
teorema (m)	stelling	[stɛlliŋ]

ensinamentos (m pl)	leer	[leər]
fato (m)	feit	[fæjt]
expedição (f)	ekspedisie	[ɛkspedisi]
experiência (f)	eksperiment	[ɛksperiment]

acadêmico (m)	akademikus	[akademikus]
bacharel (m)	baccalaureus	[bakalɔurøəs]
doutor (m)	doktor	[doktor]
professor (m) associado	medeprofessor	[medə·profɛssor]

| mestrado (m) | **Magister** | [maχistər] |
| professor (m) | **professor** | [prof ɛssor] |

Profissões e ocupações

85. Procura de emprego. Demissão

trabalho (m)	baantjie	[bãnki]
equipe (f)	personeel	[personeǝl]
pessoal (m)	personeel	[personeǝl]
carreira (f)	loopbaan	[loǝpbãn]
perspectivas (f pl)	vooruitsigte	[foǝrœit·siχtǝ]
habilidades (f pl)	meesterskap	[meǝsterskap]
seleção (f)	seleksie	[seleksi]
agência (f) de emprego	arbeidsburo	[arbæjds·buro]
currículo (m)	curriculum vitae	[kurrikulum fitaǝ]
entrevista (f) de emprego	werksonderhoud	[werk·ondǝrhæʊt]
vaga (f)	vakature	[fakaturǝ]
salário (m)	salaris	[salaris]
salário (m) fixo	vaste salaris	[fastǝ salaris]
pagamento (m)	loon	[loǝn]
cargo (m)	posisie	[posisi]
dever (do empregado)	taak	[tãk]
gama (f) de deveres	reeks opdragte	[reǝks opdraχtǝ]
ocupado (adj)	besig	[besǝχ]
despedir, demitir (vt)	afdank	[afdank]
demissão (f)	afdanking	[afdankiŋ]
desemprego (m)	werkloosheid	[verkloǝshæjt]
desempregado (m)	werkloos	[verkloǝs]
aposentadoria (f)	pensioen	[pɛnsiun]
aposentar-se (vr)	met pensioen gaan	[met pɛnsiun χãn]

86. Gente de negócios

diretor (m)	direkteur	[direktøǝr]
gerente (m)	bestuurder	[bestɪrdǝr]
patrão, chefe (m)	baas	[bãs]
superior (m)	hoof	[hoǝf]
superiores (m pl)	hoofde	[hoǝfdǝ]
presidente (m)	direkteur	[direktøǝr]
chairman (m)	voorsitter	[foǝrsittǝr]
substituto (m)	adjunk	[adjunk]
assistente (m)	assistent	[assistent]

secretário (m)	sekretaris	[sekretaris]
secretário (m) pessoal	persoonlike assistent	[persoənlikə assistent]
homem (m) de negócios	sakeman	[sakəman]
empreendedor (m)	entrepreneur	[ɛntrəprenøər]
fundador (m)	stigter	[stiχtər]
fundar (vt)	stig	[stiχ]
principiador (m)	stigter	[stiχtər]
parceiro, sócio (m)	vennoot	[fɛnnoət]
acionista (m)	aandeelhouer	[āndeəl·hæʊər]
milionário (m)	miljoenêr	[miljunær]
bilionário (m)	miljardêr	[miljardær]
proprietário (m)	eienaar	[æjenār]
proprietário (m) de terras	grondeienaar	[χront·æjenār]
cliente (m)	kliënt	[kliɛnt]
cliente (m) habitual	vaste kliënt	[fastə kliɛnt]
comprador (m)	koper	[kopər]
visitante (m)	besoeker	[besukər]
profissional (m)	professioneel	[profɛssioneəl]
perito (m)	kenner	[kɛnnər]
especialista (m)	spesialis	[spesialis]
banqueiro (m)	bankier	[bankir]
corretor (m)	makelaar	[makəlār]
caixa (m, f)	kassier	[kassir]
contador (m)	boekhouer	[bukhæʊər]
guarda (m)	veiligheidswag	[fæjliχæjts·waχ]
investidor (m)	belegger	[beleχər]
devedor (m)	skuldenaar	[skuldenār]
credor (m)	krediteur	[kreditøər]
mutuário (m)	lener	[lenər]
importador (m)	invoerder	[infurdər]
exportador (m)	uitvoerder	[œitfurdər]
produtor (m)	produsent	[produsent]
distribuidor (m)	verdeler	[ferdelər]
intermediário (m)	tussenpersoon	[tussən·persoən]
consultor (m)	raadgewer	[rāt·χevər]
representante comercial	verkoopsagent	[ferkoəps·aχent]
agente (m)	agent	[aχent]
agente (m) de seguros	versekeringsagent	[fersəkeriŋs·aχent]

87. Profissões de serviços

cozinheiro (m)	kok	[kok]
chefe (m) de cozinha	sjef	[ʃef]

padeiro (m)	bakker	[bakkər]
barman (m)	kroegman	[kruχman]
garçom (m)	kelner	[kɛlnər]
garçonete (f)	kelnerin	[kɛlnərin]

advogado (m)	advokaat	[adfokãt]
jurista (m)	prokureur	[prokurøər]
notário (m)	notaris	[notaris]

eletricista (m)	elektrisiën	[ɛlektrisiɛn]
encanador (m)	loodgieter	[loədχitər]
carpinteiro (m)	timmerman	[timmerman]

massagista (m)	masseerder	[masseərdər]
massagista (f)	masseerster	[masseərstər]
médico (m)	dokter	[doktər]

taxista (m)	taxibestuurder	[taksi·bestɪrdər]
condutor (automobilista)	bestuurder	[bestɪrdər]
entregador (m)	koerier	[kurir]

camareira (f)	kamermeisie	[kamər·mæjsi]
guarda (m)	veiligheidswag	[fæjliχæjts·waχ]
aeromoça (f)	lugwaardin	[luχ·wãrdin]

professor (m)	onderwyser	[ondərwajsər]
bibliotecário (m)	bibliotekaris	[bibliotekaris]
tradutor (m)	vertaler	[fertalər]
intérprete (m)	tolk	[tolk]
guia (m)	gids	[χids]

cabeleireiro (m)	haarkapper	[hãr·kappər]
carteiro (m)	posbode	[pos·bodə]
vendedor (m)	verkoper	[ferkopər]

jardineiro (m)	tuinman	[tœin·man]
criado (m)	bediende	[bedində]
criada (f)	bediende	[bedində]
empregada (f) de limpeza	skoonmaakster	[skoən·mãkstər]

88. Profissões militares e postos

soldado (m) raso	soldaat	[soldãt]
sargento (m)	sersant	[sersant]
tenente (m)	luitenant	[lœitənant]
capitão (m)	kaptein	[kaptæjn]

major (m)	majoor	[majoər]
coronel (m)	kolonel	[kolonəl]
general (m)	generaal	[χenerãl]
marechal (m)	maarskalk	[mãrskalk]
almirante (m)	admiraal	[admirãl]
militar (m)	leër	[leɛr]
soldado (m)	soldaat	[soldãt]

oficial (m)	**offisier**	[offisir]
comandante (m)	**kommandant**	[kommandant]
guarda (m) de fronteira	**grenswag**	[χrɛŋs·waχ]
operador (m) de rádio	**radio-operateur**	[radio-operatøər]
explorador (m)	**verkenner**	[fɛrkɛnnər]
sapador-mineiro (m)	**sappeur**	[sappøər]
atirador (m)	**skutter**	[skuttər]
navegador (m)	**navigator**	[nafiχator]

89. Oficiais. Padres

rei (m)	**koning**	[koniŋ]
rainha (f)	**koningin**	[koniŋin]
príncipe (m)	**prins**	[prins]
princesa (f)	**prinses**	[prinsəs]
czar (m)	**tsaar**	[tsãr]
czarina (f)	**tsarina**	[tsarina]
presidente (m)	**president**	[president]
ministro (m)	**minister**	[ministər]
primeiro-ministro (m)	**eerste minister**	[eərstə ministər]
senador (m)	**senator**	[senator]
diplomata (m)	**diplomaat**	[diplomãt]
cônsul (m)	**konsul**	[kɔŋsul]
embaixador (m)	**ambassadeur**	[ambassadøər]
conselheiro (m)	**adviseur**	[adfisøər]
funcionário (m)	**amptenaar**	[amptənar]
prefeito (m)	**prefek**	[prefek]
Presidente (m) da Câmara	**burgermeester**	[burgər·meəstər]
juiz (m)	**regter**	[reχtər]
procurador (m)	**aanklaer**	[ānklaər]
missionário (m)	**sendeling**	[sendəliŋ]
monge (m)	**monnik**	[monnik]
abade (m)	**ab**	[ap]
rabino (m)	**rabbi**	[rabbi]
vizir (m)	**visier**	[fisir]
xá (m)	**sjah**	[ʃah]
xeique (m)	**sjeik**	[ʃæjk]

90. Profissões agrícolas

abelheiro (m)	**byeboer**	[bajebur]
pastor (m)	**herder**	[herdər]
agrônomo (m)	**landboukundige**	[landbæʊ·kundiχə]

criador (m) de gado	**veeteler**	[feə·telər]
veterinário (m)	**veearts**	[feə·arts]

agricultor, fazendeiro (m)	**boer**	[bur]
vinicultor (m)	**wynmaker**	[vajn·makər]
zoólogo (m)	**dierkundige**	[dir·kundiχə]
vaqueiro (m)	**cowboy**	[kovboj]

91. Profissões artísticas

ator (m)	**akteur**	[aktøər]
atriz (f)	**aktrise**	[aktrisə]

cantor (m)	**sanger**	[saŋər]
cantora (f)	**sangeres**	[saŋəres]

bailarino (m)	**danser**	[daŋsər]
bailarina (f)	**danseres**	[daŋsəres]

artista (m)	**verhoogkunstenaar**	[ferhoəχ·kunstənãr]
artista (f)	**verhoogkunstenares**	[ferhoəχ·kunstənares]

músico (m)	**musikant**	[musikant]
pianista (m)	**pianis**	[pianis]
guitarrista (m)	**kitaarspeler**	[kitãr·spelər]

maestro (m)	**dirigent**	[diriχent]
compositor (m)	**komponis**	[komponis]
empresário (m)	**impresario**	[impresario]

diretor (m) de cinema	**filmregisseur**	[film·reχissøər]
produtor (m)	**produsent**	[produsent]
roteirista (m)	**draaiboekskrywer**	[drãjbuk·skrajvər]
crítico (m)	**kritikus**	[kritikus]

escritor (m)	**skrywer**	[skrajvər]
poeta (m)	**digter**	[diχtər]
escultor (m)	**beeldhouer**	[beəldhæʊər]
pintor (m)	**kunstenaar**	[kunstenãr]

malabarista (m)	**jongleur**	[jonχløər]
palhaço (m)	**hanswors**	[haŋswors]
acrobata (m)	**akrobaat**	[akrobãt]
ilusionista (m)	**goëlaar**	[χoɛlãr]

92. Várias profissões

médico (m)	**dokter**	[doktər]
enfermeira (f)	**verpleegster**	[ferpleəχ·stər]
psiquiatra (m)	**psigiater**	[psiχiatər]
dentista (m)	**tandarts**	[tand·arts]
cirurgião (m)	**chirurg**	[ʃirurχ]

astronauta (m)	astronout	[astronæʊt]
astrônomo (m)	astronoom	[astronoəm]
piloto (m)	piloot	[piloət]

motorista (m)	bestuurder	[bestɪrdər]
maquinista (m)	treindrywer	[træjn·drajvər]
mecânico (m)	werktuigkundige	[verktœiχ·kundiχə]

mineiro (m)	mynwerker	[majn·werkər]
operário (m)	werker	[verkər]
serralheiro (m)	slotmaker	[slot·makər]
marceneiro (m)	skrynwerker	[skrajn·werkər]
torneiro (m)	draaibankwerker	[drājbank·werkər]
construtor (m)	bouwerker	[bæʊ·verkər]
soldador (m)	sweiser	[swæjsər]

professor (m)	professor	[profɛssor]
arquiteto (m)	argitek	[arχitek]
historiador (m)	historikus	[historikus]
cientista (m)	wetenskaplike	[vetɛŋskaplikə]
físico (m)	fisikus	[fisikus]
químico (m)	skeikundige	[skæjkundiχə]

arqueólogo (m)	argeoloog	[arχeoloəχ]
geólogo (m)	geoloog	[χeoloəχ]
pesquisador (cientista)	navorser	[naforsər]

babysitter, babá (f)	babasitter	[babasittər]
professor (m)	onderwyser	[ondərwajsər]

redator (m)	redakteur	[redaktøər]
redator-chefe (m)	hoofredakteur	[hoəf·redaktøər]
correspondente (m)	korrespondent	[korrespondɛnt]
datilógrafa (f)	tikster	[tikstər]

designer (m)	ontwerper	[ontwerpər]
especialista (m) em informática	rekenaarkenner	[rekənār·kɛnnər]
programador (m)	programmeur	[proχrammøər]
engenheiro (m)	ingenieur	[inχeniøər]

marujo (m)	matroos	[matroəs]
marinheiro (m)	seeman	[seəman]
socorrista (m)	redder	[rɛddər]

bombeiro (m)	brandweerman	[brantveər·man]
polícia (m)	polisieman	[polisi·man]
guarda-noturno (m)	bewaker	[bevakər]
detetive (m)	speurder	[spøərdər]

funcionário (m) da alfândega	doeanebeampte	[duanə·beamptə]
guarda-costas (m)	lyfwag	[lajf·waχ]
guarda (m) prisional	tronkbewaarder	[tronk·bevārdər]
inspetor (m)	inspekteur	[inspektøər]
esportista (m)	sportman	[sportman]
treinador (m)	breier	[bræjer]

açougueiro (m)	**slagter**	[slaχtər]
sapateiro (m)	**skoenmaker**	[skun·makər]
comerciante (m)	**handelaar**	[handəlãr]
carregador (m)	**laaier**	[lãjer]

estilista (m)	**modeontwerper**	[modə·ontwerpər]
modelo (f)	**model**	[modəl]

93. Ocupações. Estatuto social

estudante (~ de escola)	**skoolseun**	[skoəl·søən]
estudante (~ universitária)	**student**	[student]

filósofo (m)	**filosoof**	[fɪlosoəf]
economista (m)	**ekonoom**	[ɛkonoəm]
inventor (m)	**uitvinder**	[œitfindər]

desempregado (m)	**werkloos**	[verkloəs]
aposentado (m)	**pensioentrekker**	[pɛnsiun·trɛkkər]
espião (m)	**spioen**	[spiun]

preso, prisioneiro (m)	**gevangene**	[χefaŋənə]
grevista (m)	**staker**	[stakər]
burocrata (m)	**burokraat**	[burokrãt]
viajante (m)	**reisiger**	[ræjsiχər]

homossexual (m)	**gay**	[χaaj]
hacker (m)	**kuberkraker**	[kubər·krakər]
hippie (m, f)	**hippie**	[hippi]

bandido (m)	**bandiet**	[bandit]
assassino (m)	**huurmoordenaar**	[hɪr·moərdenãr]
drogado (m)	**dwelmslaaf**	[dwɛlm·slãf]
traficante (m)	**dwelmhandelaar**	[dwɛlm·handəlãr]
prostituta (f)	**prostituut**	[prostitɪt]
cafetão (m)	**pooier**	[pojer]

bruxo (m)	**towenaar**	[tovenãr]
bruxa (f)	**heks**	[heks]
pirata (m)	**piraat, seerower**	[pirãt], [seə·rovər]
escravo (m)	**slaaf**	[slãf]
samurai (m)	**samoerai**	[samuraj]
selvagem (m)	**wilde**	[vildə]

Educação

94. Escola

escola (f)	skool	[skoəl]
diretor (m) de escola	prinsipaal	[prinsipāl]
aluno (m)	leerder	[leərdər]
aluna (f)	leerder	[leərdər]
estudante (m)	skoolseun	[skoəl·søən]
estudante (f)	skooldogter	[skoəl·doχtər]
ensinar (vt)	leer	[leər]
aprender (vt)	leer	[leər]
decorar (vt)	van buite leer	[fan bœitə leər]
estudar (vi)	leer	[leər]
estar na escola	op skool wees	[op skoəl veəs]
ir à escola	skooltoe gaan	[skoəltu χān]
alfabeto (m)	alfabet	[alfabet]
disciplina (f)	vak	[fak]
sala (f) de aula	klaskamer	[klas·kamər]
lição, aula (f)	les	[les]
recreio (m)	pouse	[pæʊsə]
toque (m)	skoolbel	[skoəl·bəl]
classe (f)	skoolbank	[skoəl·bank]
quadro (m) negro	bord	[bort]
nota (f)	simbool	[simboəl]
boa nota (f)	goeie punt	[χuje punt]
nota (f) baixa	slegte punt	[sleχtə punt]
erro (m)	fout	[fæʊt]
errar (vi)	foute maak	[fæʊtə māk]
corrigir (~ um erro)	korrigeer	[korriχeər]
cola (f)	afskryfbriefie	[afskrajf·brifi]
dever (m) de casa	huiswerk	[hœis·werk]
exercício (m)	oefening	[ufeniŋ]
estar presente	aanwesig wees	[ānwesəχ veəs]
estar ausente	afwesig wees	[afwesəχ veəs]
faltar às aulas	stokkies draai	[stokkis drāj]
punir (vt)	straf	[straf]
punição (f)	straf	[straf]
comportamento (m)	gedrag	[χedraχ]

boletim (m) escolar	rapport	[rapport]
lápis (m)	potlood	[potloət]
borracha (f)	uitveër	[œitfeɛr]
giz (m)	kryt	[krajt]
porta-lápis (m)	potloodsakkie	[potloət·sakki]
mala, pasta, mochila (f)	boekesak	[bukə·sak]
caneta (f)	pen	[pen]
caderno (m)	skryfboek	[skrajf·buk]
livro (m) didático	handboek	[hand·buk]
compasso (m)	passer	[passər]
traçar (vt)	tegniese tekeninge maak	[teχnisə tekənikə mãk]
desenho (m) técnico	tegniese tekening	[teχnisə tekəniŋ]
poesia (f)	gedig	[χedəχ]
de cor	van buite	[fan bœitə]
decorar (vt)	van buite leer	[fan bœitə leər]
férias (f pl)	skoolvakansie	[skoəl·fakaŋsi]
estar de férias	met vakansie wees	[met fakaŋsi veəs]
passar as férias	jou vakansie deurbring	[jæʊ fakaŋsi døərbriŋ]
teste (m), prova (f)	toets	[tuts]
redação (f)	opstel	[opstəl]
ditado (m)	diktee	[dikteə]
exame (m), prova (f)	eksamen	[ɛksamen]
experiência (~ química)	eksperiment	[ɛksperiment]

95. Colégio. Universidade

academia (f)	akademie	[akademi]
universidade (f)	universiteit	[unifersitæjt]
faculdade (f)	fakulteit	[fakultæjt]
estudante (m)	student	[student]
estudante (f)	student	[student]
professor (m)	lektor	[lektor]
auditório (m)	lesingsaal	[lesiŋ·sãl]
graduado (m)	gegradueerde	[χeχradueərdə]
diploma (m)	sertifikaat	[sertifikãt]
tese (f)	proefskrif	[prufskrif]
estudo (obra)	navorsing	[naforsiŋ]
laboratório (m)	laboratorium	[laboratorium]
palestra (f)	lesing	[lesiŋ]
colega (m) de curso	medestudent	[medə·student]
bolsa (f) de estudos	beurs	[bøərs]
grau (m) acadêmico	akademiese graad	[akademisə χrãt]

96. Ciências. Disciplinas

matemática (f)	wiskunde	[viskundə]
álgebra (f)	algebra	[alχebra]
geometria (f)	meetkunde	[meətkundə]
astronomia (f)	astronomie	[astronomi]
biologia (f)	biologie	[bioloχi]
geografia (f)	geografie	[χeoχrafi]
geologia (f)	geologie	[χeoloχi]
história (f)	geskiedenis	[χeskidenis]
medicina (f)	geneeskunde	[χeneəs·kundə]
pedagogia (f)	pedagogie	[pedaχoχi]
direito (m)	regte	[reχtə]
física (f)	fisika	[fisika]
química (f)	chemie	[χemi]
filosofia (f)	filosofie	[filosofi]
psicologia (f)	sielkunde	[silkundə]

97. Sistema de escrita. Ortografia

gramática (f)	grammatika	[χrammatika]
vocabulário (m)	woordeskat	[voərdeskat]
fonética (f)	fonetika	[fonetika]
substantivo (m)	selfstandige naamwoord	[sɛlfstandiχə nãmwoərt]
adjetivo (m)	byvoeglike naamwoord	[bajfuχlikə nãmvoərt]
verbo (m)	werkwoord	[verk·woərt]
advérbio (m)	bijwoord	[bij·woərt]
pronome (m)	voornaamwoord	[foərnãm·voərt]
interjeição (f)	tussenwerpsel	[tussən·werpsəl]
preposição (f)	voorsetsel	[foərsetsəl]
raiz (f)	stam	[stam]
terminação (f)	agtervoegsel	[aχtər·fuχsəl]
prefixo (m)	voorvoegsel	[foər·fuχsəl]
sílaba (f)	lettergreep	[lɛttər·χreəp]
sufixo (m)	agtervoegsel, suffiks	[aχtər·fuχsəl], [suffiks]
acento (m)	klemteken	[klem·tekən]
apóstrofo (f)	afkappingsteken	[afkappiŋs·tekən]
ponto (m)	punt	[punt]
vírgula (f)	komma	[komma]
ponto e vírgula (m)	kommapunt	[komma·punt]
dois pontos (m pl)	dubbelpunt	[dubbəl·punt]
reticências (f pl)	beletselteken	[beletsəl·tekən]
ponto (m) de interrogação	vraagteken	[frãχ·tekən]
ponto (m) de exclamação	uitroepteken	[œitrup·tekən]

aspas (f pl)	aanhalingstekens	[ānhaliŋs·tekəŋs]
entre aspas	tussen aanhalingstekens	[tussən ānhaliŋs·tekəŋs]
parênteses (m pl)	hakies	[hakis]
entre parênteses	tussen hakies	[tussən hakis]

hífen (m)	koppelteken	[koppəl·tekən]
travessão (m)	strepie	[strepi]
espaço (m)	spasie	[spasi]

letra (f)	letter	[lɛttər]
letra (f) maiúscula	hoofletter	[hoəf·lɛttər]

vogal (f)	klinker	[klinkər]
consoante (f)	konsonant	[koŋsonant]

frase (f)	sin	[sin]
sujeito (m)	onderwerp	[ondərwerp]
predicado (m)	predikaat	[predikāt]

linha (f)	reël	[reɛl]
parágrafo (m)	paragraaf	[paraχrāf]

palavra (f)	woord	[voərt]
grupo (m) de palavras	woordgroep	[voərt·χrup]
expressão (f)	uitdrukking	[œitdrukkiŋ]
sinônimo (m)	sinoniem	[sinonim]
antônimo (m)	antoniem	[antonim]

regra (f)	reël	[reɛl]
exceção (f)	uitsondering	[œitsondəriŋ]
correto (adj)	korrek	[korrek]

conjugação (f)	vervoeging	[ferfuχiŋ]
declinação (f)	verbuiging	[ferbœəχiŋ]
caso (m)	naamval	[nāmfal]
pergunta (f)	vraag	[frāχ]
sublinhar (vt)	onderstreep	[ondərstreəp]
linha (f) pontilhada	stippellyn	[stippəl·lajn]

98. Línguas estrangeiras

língua (f)	taal	[tāl]
estrangeiro (adj)	vreemd	[freəmt]
língua (f) estrangeira	vreemde taal	[freəmdə tāl]
estudar (vt)	studeer	[studeər]
aprender (vt)	leer	[leər]

ler (vt)	lees	[leəs]
falar (vi)	praat	[prāt]
entender (vt)	verstaan	[ferstān]
escrever (vt)	skryf	[skrajf]

rapidamente	vinnig	[finnəχ]
devagar, lentamente	stadig	[stadəχ]

fluentemente	vlot	[flot]
regras (f pl)	reëls	[reɛls]
gramática (f)	grammatika	[xrammatika]
vocabulário (m)	woordeskat	[voərdeskat]
fonética (f)	fonetika	[fonetika]

livro (m) didático	handboek	[hand·buk]
dicionário (m)	woordeboek	[voərdə·buk]
manual (m) autodidático	selfstudie boek	[sɛlfstudi buk]
guia (m) de conversação	taalgids	[tāl·xids]

fita (f) cassete	kasset	[kasset]
videoteipe (m)	videoband	[video·bant]
CD (m)	CD	[se·de]
DVD (m)	DVD	[de·fe·de]

alfabeto (m)	alfabet	[alfabet]
soletrar (vt)	spel	[spel]
pronúncia (f)	uitspraak	[œitsprāk]
sotaque (m)	aksent	[aksent]

palavra (f)	woord	[voərt]
sentido (m)	betekenis	[betekənis]

curso (m)	kursus	[kursus]
inscrever-se (vr)	inskryf	[inskrajf]
professor (m)	onderwyser	[ondərwajsər]

tradução (processo)	vertaling	[fertaliŋ]
tradução (texto)	vertaling	[fertaliŋ]
tradutor (m)	vertaler	[fertalər]
intérprete (m)	tolk	[tolk]

poliglota (m)	poliglot	[polixlot]
memória (f)	geheue	[xəhøə]

Descanso. Entretenimento. Viagens

99. Viagens

turismo (m)	toerisme	[turismə]
turista (m)	toeris	[turis]
viagem (f)	reis	[ræjs]
aventura (f)	avontuur	[afontɪr]
percurso (curta viagem)	reis	[ræjs]
férias (f pl)	vakansie	[fakaŋsi]
estar de férias	met vakansie wees	[met fakaŋsi veəs]
descanso (m)	rus	[rus]
trem (m)	trein	[træjn]
de trem (chegar ~)	per trein	[pər træjn]
avião (m)	vliegtuig	[fliχtœiχ]
de avião	per vliegtuig	[pər fliχtœiχ]
de carro	per motor	[pər motor]
de navio	per skip	[pər skip]
bagagem (f)	bagasie	[baχasi]
mala (f)	tas	[tas]
carrinho (m)	bagasiekarretjie	[baχasi·karrəki]
passaporte (m)	paspoort	[paspoərt]
visto (m)	visum	[fisum]
passagem (f)	kaartjie	[kārki]
passagem (f) aérea	lugkaartjie	[luχ·kārki]
guia (m) de viagem	reisgids	[ræjsχids]
mapa (m)	kaart	[kārt]
área (f)	gebied	[χebit]
lugar (m)	plek	[plek]
exotismo (m)	eksotiese dinge	[ɛksotisə diŋə]
exótico (adj)	eksoties	[ɛksotis]
surpreendente (adj)	verbasend	[ferbasent]
grupo (m)	groep	[χrup]
excursão (f)	uitstappie	[œitstappi]
guia (m)	gids	[χids]

100. Hotel

hospedaria (f)	hotel	[hotəl]
motel (m)	motel	[motəl]
três estrelas	drie-ster	[dri-stər]

| cinco estrelas | vyf-ster | [fajf-stər] |
| ficar (vi, vt) | oornag | [oərnaχ] |

quarto (m)	kamer	[kamər]
quarto (m) individual	enkelkamer	[ɛnkəl·kamər]
quarto (m) duplo	dubbelkamer	[dubbəl·kamər]

| meia pensão (f) | met aandete, bed en ontbyt | [met āndetə], [bet en ontbajt] |
| pensão (f) completa | volle losies | [follə losis] |

com banheira	met bad	[met bat]
com chuveiro	met stortbad	[met stort·bat]
televisão (m) por satélite	satelliet-TV	[satɛllit-te·fe]
ar (m) condicionado	lugversorger	[luχfersorχər]
toalha (f)	handdoek	[handduk]
chave (f)	sleutel	[sløetəl]

administrador (m)	bestuurder	[bestɪrdər]
camareira (f)	kamermeisie	[kamər·mæjsi]
bagageiro (m)	hoteljoggie	[hotəl·joχi]
porteiro (m)	portier	[portir]

restaurante (m)	restaurant	[restɔurant]
bar (m)	kroeg	[kruχ]
café (m) da manhã	ontbyt	[ontbajt]
jantar (m)	aandete	[āndetə]
bufê (m)	buffetete	[buffetetə]

| saguão (m) | voorportaal | [foər·portāl] |
| elevador (m) | hysbak | [hajsbak] |

| NÃO PERTURBE | **MOENIE STEUR NIE** | [muni støər ni] |
| PROIBIDO FUMAR! | **ROOK VERBODE** | [roək ferbodə] |

EQUIPAMENTO TÉCNICO. TRANSPORTES

Equipamento técnico. Transportes

101. Computador

computador (m)	rekenaar	[rekənār]
computador (m) portátil	skootrekenaar	[skoət·rekənār]
ligar (vt)	aanskakel	[āŋskakəl]
desligar (vt)	afskakel	[afskakəl]
teclado (m)	toetsbord	[tuts·bort]
tecla (f)	toets	[tuts]
mouse (m)	muis	[mœis]
tapete (m) para mouse	muismatjie	[mœis·maki]
botão (m)	knop	[knop]
cursor (m)	loper	[lopər]
monitor (m)	monitor	[monitor]
tela (f)	skerm	[skerm]
disco (m) rígido	harde skyf	[hardə skajf]
capacidade (f) do disco rígido	harde skyf se vermoë	[hardə skajf sə fermoɛ]
memória (f)	geheue	[χəhøə]
memória RAM (f)	RAM-geheue	[ram-χəhøəə]
arquivo (m)	lêer	[lɛər]
pasta (f)	gids	[χids]
abrir (vt)	oopmaak	[oəpmāk]
fechar (vt)	sluit	[slœit]
salvar (vt)	bewaar	[bevār]
deletar (vt)	uitvee	[œitfeə]
copiar (vt)	kopieer	[kopir]
ordenar (vt)	sorteer	[sorteər]
copiar (vt)	oorplaas	[oərplās]
programa (m)	program	[proχram]
software (m)	sagteware	[saχtevarə]
programador (m)	programmeur	[proχrammøər]
programar (vt)	programmeer	[proχrammeər]
hacker (m)	kuberkraker	[kubər·krakər]
senha (f)	wagwoord	[vaχ·woərt]
vírus (m)	virus	[firus]
detectar (vt)	opspoor	[opspoər]
byte (m)	greep	[χreəp]

megabyte (m)	megagreep	[meχaχreəp]
dados (m pl)	data	[data]
base (f) de dados	databasis	[data·basis]

cabo (m)	kabel	[kabəl]
desconectar (vt)	ontkoppel	[ontkoppəl]
conectar (vt)	konnekteer	[konnekteər]

102. Internet. E-mail

internet (f)	internet	[internet]
browser (m)	webblaaier	[veb·blājer]
motor (m) de busca	soekenjin	[suk·εnʤin]
provedor (m)	verskaffer	[ferskaffər]

webmaster (m)	webmeester	[veb·meəstər]
website (m)	webwerf	[veb·werf]
web page (f)	webblad	[veb·blat]

| endereço (m) | adres | [adres] |
| livro (m) de endereços | adresboek | [adres·buk] |

caixa (f) de correio	posbus	[pos·bus]
correio (m)	pos	[pos]
cheia (caixa de correio)	vol	[fol]

mensagem (f)	boodskap	[boədskap]
mensagens (f pl) recebidas	inkomende boodskappe	[inkomendə boədskappə]
mensagens (f pl) enviadas	uitgaande boodskappe	[œitχāndə boədskappə]

remetente (m)	sender	[sendər]
enviar (vt)	verstuur	[ferstɪr]
envio (m)	versending	[fersendiŋ]

| destinatário (m) | ontvanger | [ontfaŋər] |
| receber (vt) | ontvang | [ontfaŋ] |

| correspondência (f) | korrespondensie | [korrespondεŋsi] |
| corresponder-se (vr) | korrespondeer | [korrespondeər] |

arquivo (m)	lêer	[lɛər]
fazer download, baixar (vt)	aflaai	[aflāi]
criar (vt)	skep	[skep]
deletar (vt)	uitvee	[œitfeə]
deletado (adj)	uitgevee	[œitχefeə]

conexão (f)	konneksie	[konneksi]
velocidade (f)	spoed	[sput]
modem (m)	modem	[modem]
acesso (m)	toegang	[tuχaŋ]
porta (f)	portaal	[portāl]

| conexão (f) | aansluiting | [āŋslœitiŋ] |
| conectar (vi) | aansluit by ... | [āŋslœit baj ...] |

| escolher (vt) | kies | [kis] |
| buscar (vt) | soek | [suk] |

103. Eletricidade

eletricidade (f)	elektrisiteit	[ɛlektrisitæjt]
elétrico (adj)	elektries	[ɛlektris]
planta (f) elétrica	kragstasie	[kraχ·stasi]
energia (f)	krag	[kraχ]
energia (f) elétrica	elektriese krag	[ɛlektrisə kraχ]

lâmpada (f)	gloeilamp	[χlui·lamp]
lanterna (f)	flits	[flits]
poste (m) de iluminação	straatlig	[strātləχ]

luz (f)	lig	[liχ]
ligar (vt)	aanskakel	[āŋskakəl]
desligar (vt)	afskakel	[afskakəl]
apagar a luz	die lig afskakel	[di liχ afskakəl]

queimar (vi)	doodbrand	[doədbrant]
curto-circuito (m)	kortsluiting	[kort·slœitiŋ]
ruptura (f)	gebreekte kabel	[χebreəktə kabəl]
contato (m)	kontak	[kontak]

interruptor (m)	ligskakelaar	[liχ·skakelār]
tomada (de parede)	muurprop	[mɪrprop]
plugue (m)	prop	[prop]
extensão (f)	verlengkabel	[ferleŋ·kabəl]

fusível (m)	sekering	[sekəriŋ]
fio, cabo (m)	kabel	[kabəl]
instalação (f) elétrica	bedrading	[bedradiŋ]

ampère (m)	ampère	[ampɛ:r]
amperagem (f)	stroomsterkte	[stroəm·sterktə]
volt (m)	volt	[folt]
voltagem (f)	spanning	[spanniŋ]

| aparelho (m) elétrico | elektriese toestel | [ɛlektrisə tustəl] |
| indicador (m) | aanduier | [āndœiər] |

eletricista (m)	elektrisiën	[ɛlektrisiɛn]
soldar (vt)	soldeer	[soldeər]
soldador (m)	soldeerbout	[soldeər·bæut]
corrente (f) elétrica	elektriese stroom	[ɛlektrisə stroəm]

104. Ferramentas

ferramenta (f)	werktuig	[verktœiχ]
ferramentas (f pl)	gereedskap	[χereədskap]
equipamento (m)	toerusting	[turustiŋ]

martelo (m)	hamer	[hamər]
chave (f) de fenda	skroewedraaier	[skruvə·drãjer]
machado (m)	byl	[bajl]

serra (f)	saag	[sãχ]
serrar (vt)	saag	[sãχ]
plaina (f)	skaaf	[skãf]
aplainar (vt)	skaaf	[skãf]
soldador (m)	soldeerbout	[soldeər·bæʊt]
soldar (vt)	soldeer	[soldeər]

lima (f)	vyl	[fajl]
tenaz (f)	knyptang	[knajptaŋ]
alicate (m)	tang	[taŋ]
formão (m)	beitel	[bæjtəl]

broca (f)	boor	[boər]
furadeira (f) elétrica	elektriese boor	[ɛlektrisə boər]
furar (vt)	boor	[boər]

faca (f)	mes	[mes]
canivete (m)	sakmes	[sakmes]
lâmina (f)	lem	[lem]

afiado (adj)	skerp	[skerp]
cego (adj)	stomp	[stomp]
embotar-se (vr)	stomp raak	[stomp rãk]
afiar, amolar (vt)	slyp	[slajp]

parafuso (m)	bout	[bæʊt]
porca (f)	moer	[mur]
rosca (f)	draad	[drãt]
parafuso (para madeira)	houtskroef	[hæʊt·skruf]

| prego (m) | spyker | [spajkər] |
| cabeça (f) do prego | kop | [kop] |

régua (f)	meetlat	[meətlat]
fita (f) métrica	meetband	[meət·bant]
nível (m)	waterpas	[vatərpas]
lupa (f)	vergrootglas	[ferχroət·χlas]

medidor (m)	meetinstrument	[meət·instrument]
medir (vt)	meet	[meət]
escala (f)	skaal	[skãl]
indicação (f), registro (m)	lesings	[lesiŋs]

| compressor (m) | kompressor | [komprɛssor] |
| microscópio (m) | mikroskoop | [mikroskoəp] |

bomba (f)	pomp	[pomp]
robô (m)	robot	[robot]
laser (m)	laser	[lasər]

| chave (f) de boca | moersleutel | [mur·sløətəl] |
| fita (f) adesiva | plakband | [plak·bant] |

cola (f)	gom	[χom]
lixa (f)	skuurpapier	[skɪr·papir]
mola (f)	veer	[feər]
ímã (m)	magneet	[maχneət]
luva (f)	handskoene	[handskunə]

corda (f)	tou	[tæʊ]
cabo (~ de nylon, etc.)	tou	[tæʊ]
fio (m)	draad	[drãt]
cabo (~ elétrico)	kabel	[kabəl]

marreta (f)	voorhamer	[foər·hamər]
pé de cabra (m)	breekyster	[breəkajstər]
escada (f) de mão	leer	[leər]
escada (m)	trapleer	[trapleər]

enroscar (vt)	vasskroef	[fasskruf]
desenroscar (vt)	losskroef	[losskruf]
apertar (vt)	saampars	[sãmpars]
colar (vt)	vasplak	[fasplak]
cortar (vt)	sny	[snaj]

falha (f)	fout	[fæʊt]
conserto (m)	herstelwerk	[herstəl·werk]
consertar, reparar (vt)	herstel	[herstəl]
regular, ajustar (vt)	stel	[stəl]

verificar (vt)	nagaan	[naχãn]
verificação (f)	kontrole	[kontrolə]
indicação (f), registro (m)	lesings	[lesiŋs]

| seguro (adj) | betroubaar | [betræʊbār] |
| complicado (adj) | ingewikkelde | [inχəwikkɛldə] |

enferrujar (vi)	roes	[rus]
enferrujado (adj)	verroes	[ferrus]
ferrugem (f)	roes	[rus]

Transportes

105. Avião

avião (m)	vliegtuig	[fliҳtœiҳ]
passagem (f) aérea	lugkaartjie	[luҳ·kãrki]
companhia (f) aérea	lugredery	[luҳrederaj]
aeroporto (m)	lughawe	[luҳhavə]
supersônico (adj)	supersonies	[supersonis]
comandante (m) do avião	kaptein	[kaptæjn]
tripulação (f)	bemanning	[bemanniŋ]
piloto (m)	piloot	[piloət]
aeromoça (f)	lugwaardin	[luҳ·wãrdin]
copiloto (m)	navigator	[nafiҳator]
asas (f pl)	vlerke	[flerkə]
cauda (f)	stert	[stert]
cabine (f)	stuurkajuit	[stɪr·kajœit]
motor (m)	enjin	[ɛndʒin]
trem (m) de pouso	landingstel	[landiŋ·stəl]
turbina (f)	turbine	[turbinə]
hélice (f)	skroef	[skruf]
caixa-preta (f)	swart boks	[swart boks]
coluna (f) de controle	stuurstang	[stɪr·staŋ]
combustível (m)	brandstof	[brantstof]
instruções (f pl) de segurança	veiligheidskaart	[fæjliҳæjts·kãrt]
máscara (f) de oxigênio	suurstofmasker	[sɪrstof·maskər]
uniforme (m)	uniform	[uniform]
colete (m) salva-vidas	reddingsbaadjie	[rɛddiŋs·bãdʒi]
paraquedas (m)	valskerm	[fal·skerm]
decolagem (f)	opstyging	[opstajҳiŋ]
descolar (vi)	opstyg	[opstajҳ]
pista (f) de decolagem	landingsbaan	[landiŋs·bãn]
visibilidade (f)	uitsig	[œitsəҳ]
voo (m)	vlug	[fluҳ]
altura (f)	hoogte	[hoəҳtə]
poço (m) de ar	lugsak	[luҳsak]
assento (m)	sitplek	[sitplek]
fone (m) de ouvido	koptelefoon	[kop·telefoən]
mesa (f) retrátil	voutafeltjie	[fæʊ·tafɛlki]
janela (f)	vliegtuigvenster	[fliҳtœiҳ·fɛŋstər]
corredor (m)	paadjie	[pãdʒi]

106. Comboio

trem (m)	trein	[træjn]
trem (m) elétrico	voorstedelike trein	[foərstedelikə træjn]
trem (m)	sneltrein	[snɛl·træjn]
locomotiva (f) diesel	diesellokomotief	[disəl·lokomotif]
locomotiva (f) a vapor	stoomlokomotief	[stoəm·lokomotif]
vagão (f) de passageiros	passasierswa	[passasirs·wa]
vagão-restaurante (m)	eetwa	[eət·wa]
carris (m pl)	spoorstawe	[spoər·stave]
estrada (f) de ferro	spoorweg	[spoər·weχ]
travessa (f)	dwarslêer	[dwarslɛər]
plataforma (f)	perron	[perron]
linha (f)	spoor	[spoər]
semáforo (m)	semafoor	[semafoər]
estação (f)	stasie	[stasi]
maquinista (m)	treindrywer	[træjn·drajvər]
bagageiro (m)	portier	[portir]
hospedeiro, -a (m, f)	kondukteur	[konduktøər]
passageiro (m)	passasier	[passasir]
revisor (m)	kondukteur	[konduktøər]
corredor (m)	gang	[χaŋ]
freio (m) de emergência	noodrem	[noədrem]
compartimento (m)	kompartiment	[kompartiment]
cama (f)	bed	[bet]
cama (f) de cima	boonste bed	[boəŋstə bet]
cama (f) de baixo	onderste bed	[ondərstə bet]
roupa (f) de cama	beddegoed	[beddə·χut]
passagem (f)	kaartjie	[kārki]
horário (m)	diensrooster	[diŋs·roəstər]
painel (m) de informação	informasiebord	[informasi·bort]
partir (vt)	vertrek	[fertrek]
partida (f)	vertrek	[fertrek]
chegar (vi)	aankom	[ānkom]
chegada (f)	aankoms	[ānkoms]
chegar de trem	aankom per trein	[ānkom pər træjn]
pegar o trem	in die trein klim	[in di træjn klim]
descer de trem	uit die trein klim	[œit di træjn klim]
acidente (m) ferroviário	treinbotsing	[træjn·botsiŋ]
descarrilar (vi)	ontspoor	[ontspoər]
locomotiva (f) a vapor	stoomlokomotief	[stoəm·lokomotif]
foguista (m)	stoker	[stokər]
fornalha (f)	stookplek	[stoəkplek]
carvão (m)	steenkool	[steən·koəl]

107. Barco

navio (m)	skip	[skip]
embarcação (f)	vaartuig	[fārtœiχ]

barco (m) a vapor	stoomboot	[stoəm·boət]
barco (m) fluvial	rivierboot	[rifir·boət]
transatlântico (m)	toerskip	[tur·skip]
cruzeiro (m)	kruiser	[krœisər]

iate (m)	jag	[jaχ]
rebocador (m)	sleepboot	[sleəp·boət]
barcaça (f)	vragskuit	[fraχ·skœit]
ferry (m)	veerboot	[feər·boət]

veleiro (m)	seilskip	[sæjl·skip]
bergantim (m)	skoenerbrik	[skunər·brik]

quebra-gelo (m)	ysbreker	[ajs·brekər]
submarino (m)	duikboot	[dœik·boət]

bote, barco (m)	roeiboot	[ruiboət]
baleeira (bote salva-vidas)	bootjie	[boəki]
bote (m) salva-vidas	reddingsboot	[rɛddiŋs·boət]
lancha (f)	motorboot	[motor·boət]

capitão (m)	kaptein	[kaptæjn]
marinheiro (m)	seeman	[seəman]
marujo (m)	matroos	[matroəs]
tripulação (f)	bemanning	[bemanniŋ]

contramestre (m)	bootsman	[boətsman]
grumete (m)	skeepsjonge	[skeəps·joŋə]
cozinheiro (m) de bordo	kok	[kok]
médico (m) de bordo	skeepsdokter	[skeəps·doktər]

convés (m)	dek	[dek]
mastro (m)	mas	[mas]
vela (f)	seil	[sæjl]

porão (m)	skeepsruim	[skeəps·rœim]
proa (f)	boeg	[buχ]
popa (f)	agterstewe	[aχtərstevə]
remo (m)	roeispaan	[ruis·pān]
hélice (f)	skroef	[skruf]

cabine (m)	kajuit	[kajœit]
sala (f) dos oficiais	offisierskajuit	[offisirs·kajœit]
sala (f) das máquinas	enjinkamer	[ɛndʒin·kamər]
ponte (m) de comando	brug	[bruχ]
sala (f) de comunicações	radiokamer	[radio·kamər]
onda (f)	golf	[χolf]
diário (m) de bordo	logboek	[loχbuk]
luneta (f)	verkyker	[ferkajkər]
sino (m)	bel	[bəl]

bandeira (f)	**vlag**	[flaχ]
cabo (m)	**kabel**	[kabəl]
nó (m)	**knoop**	[knoəp]

corrimão (m)	**dekleuning**	[dek·løəniŋ]
prancha (f) de embarque	**gangplank**	[χaŋ·plank]

âncora (f)	**anker**	[ankər]
recolher a âncora	**anker lig**	[ankər ləχ]
jogar a âncora	**anker uitgooi**	[ankər œitχoj]
amarra (corrente de âncora)	**ankerketting**	[ankər·kɛttiŋ]

porto (m)	**hawe**	[havə]
cais, amarradouro (m)	**kaai**	[kãi]
atracar (vi)	**vasmeer**	[fasmeər]
desatracar (vi)	**vertrek**	[fertrek]

viagem (f)	**reis**	[ræjs]
cruzeiro (m)	**cruise**	[kru:s]
rumo (m)	**koers**	[kurs]
itinerário (m)	**roete**	[rutə]

canal (m) de navegação	**vaarwater**	[fãr·vatər]
banco (m) de areia	**sandbank**	[sand·bank]
encalhar (vt)	**strand**	[strant]

tempestade (f)	**storm**	[storm]
sinal (m)	**sienjaal**	[sinjãl]
afundar-se (vr)	**sink**	[sink]
Homem ao mar!	**Man oorboord!**	[man oərboərd!]
SOS	**SOS**	[sos]
boia (f) salva-vidas	**reddingsboei**	[rɛddiŋs·bui]

108. Aeroporto

aeroporto (m)	**lughawe**	[luχhavə]
avião (m)	**vliegtuig**	[fliχtœiχ]
companhia (f) aérea	**lugredery**	[luχrederaj]
controlador (m) de tráfego aéreo	**lugverkeersleier**	[luχ·ferkeərs·læjer]

partida (f)	**vertrek**	[fertrek]
chegada (f)	**aankoms**	[ãnkoms]
chegar (vi)	**aankom**	[ãnkom]

hora (f) de partida	**vertrektyd**	[fertrək·tajt]
hora (f) de chegada	**aankomstyd**	[ãnkoms·tajt]

estar atrasado	**vertraag wees**	[fertrãχ veəs]
atraso (m) de voo	**vlugvertraging**	[fluχ·fertraχiŋ]

painel (m) de informação	**informasiebord**	[informasi·bort]
informação (f)	**informasie**	[informasi]
anunciar (vt)	**aankondig**	[ãnkondəχ]

voo (m)	vlug	[fluχ]
alfândega (f)	doeane	[duanə]
funcionário (m) da alfândega	doeanebeampte	[duanə·beamptə]

declaração (f) alfandegária	doeaneverklaring	[duanə·ferklariŋ]
preencher (vt)	invul	[inful]
controle (m) de passaporte	paspoortkontrole	[paspoərt·kontrolə]

bagagem (f)	bagasie	[baχasi]
bagagem (f) de mão	handbagasie	[hand·baχasi]
carrinho (m)	bagasiekarretjie	[baχasi·karrəki]

pouso (m)	landing	[landiŋ]
pista (f) de pouso	landingsbaan	[landiŋs·bān]
aterrissar (vi)	land	[lant]
escada (f) de avião	vliegtuigtrap	[fliχtœiχ·trap]

check-in (m)	na die vertrektoonbank	[na di fertrək·toənbank]
balcão (m) do check-in	vertrektoonbank	[fertrək·toənbank]
fazer o check-in	na die vertrektoonbank gaan	[na di fertrək·toənbank χān]
cartão (m) de embarque	instapkaart	[instap·kārt]
portão (m) de embarque	vertrekuitgang	[fertrek·œitχaŋ]

trânsito (m)	transito	[traŋsito]
esperar (vi, vt)	wag	[vaχ]
sala (f) de espera	vertreksaal	[fertrək·sāl]
despedir-se (acompanhar)	afsien	[afsin]
despedir-se (dizer adeus)	afskeid neem	[afskæjt neəm]

Eventos

109. Férias. Evento

festa (f)	partytjie	[partajki]
feriado (m) nacional	nasionale dag	[naʃionalə daχ]
feriado (m)	openbare vakansiedag	[openbarə fakaŋsi·daχ]
festejar (vt)	herdenk	[herdenk]
evento (festa, etc.)	gebeurtenis	[χebøərtenis]
evento (banquete, etc.)	gebeurtenis	[χebøərtenis]
banquete (m)	banket	[banket]
recepção (f)	onthaal	[onthāl]
festim (m)	feesmaal	[feəs·māl]
aniversário (m)	verjaardag	[ferjār·daχ]
jubileu (m)	jubileum	[jubiløəm]
celebrar (vt)	vier	[fir]
Ano (m) Novo	Nuwejaar	[nuvejār]
Feliz Ano Novo!	Voorspoedige Nuwejaar	[foərspudiχə nuvejār]
Papai Noel (m)	Kersvader	[kers·fadər]
Natal (m)	Kersfees	[kersfeəs]
Feliz Natal!	Geseënde Kersfees	[χeseɛndə kersfɛs]
árvore (f) de Natal	Kersboom	[kers·boəm]
fogos (m pl) de artifício	vuurwerk	[fɪrwerk]
casamento (m)	bruilof	[brœilof]
noivo (m)	bruidegom	[brœidəχom]
noiva (f)	bruid	[brœit]
convidar (vt)	uitnooi	[œitnoj]
convite (m)	uitnodiging	[œitnodəχiŋ]
convidado (m)	gas	[χas]
visitar (vt)	besoek	[besuk]
receber os convidados	die gaste ontmoet	[di χastə ontmut]
presente (m)	present	[present]
oferecer, dar (vt)	gee	[χeə]
receber presentes	presente ontvang	[presentə ontfaŋ]
buquê (m) de flores	boeket	[buket]
felicitações (f pl)	gelukwense	[χelukwɛŋsə]
felicitar (vt)	gelukwens	[χelukwɛŋs]
cartão (m) de parabéns	geleentheidskaartjie	[χeleenthæjts·kārki]
brinde (m)	heildronk	[hæjldronk]
oferecer (vt)	aanbied	[ānbit]

champanhe (m)	sjampanje	[ʃampanje]
divertir-se (vr)	jouself geniet	[jæʊsɛlf χenit]
diversão (f)	pret	[pret]
alegria (f)	vreugde	[frøeχdə]

| dança (f) | dans | [daŋs] |
| dançar (vi) | dans | [daŋs] |

| valsa (f) | wals | [vals] |
| tango (m) | tango | [tanχo] |

110. Funerais. Enterro

cemitério (m)	begraafplaas	[beχrāf·plās]
sepultura (f), túmulo (m)	graf	[χraf]
cruz (f)	kruis	[krœis]
lápide (f)	grafsteen	[χrafsteən]
cerca (f)	heining	[hæjniŋ]
capela (f)	kapel	[kapəl]

morte (f)	dood	[doət]
morrer (vi)	doodgaan	[doədχān]
defunto (m)	oorledene	[oərledenə]
luto (m)	rou	[ræʊ]

enterrar, sepultar (vt)	begrawe	[beχravə]
funerária (f)	begrafnisonderneming	[beχrafnis·ondərnemiŋ]
funeral (m)	begrafnis	[beχrafnis]

coroa (f) de flores	krans	[kraŋs]
caixão (m)	doodskis	[doədskis]
carro (m) funerário	lykswa	[lajks·wa]
mortalha (f)	lykkleed	[lajk·kleət]

procissão (f) funerária	begrafnisstoet	[beχrafnis·stut]
urna (f) funerária	urn	[urn]
crematório (m)	krematorium	[krematorium]

obituário (m), necrologia (f)	doodsberig	[doəds·bereχ]
chorar (vi)	huil	[hœil]
soluçar (vi)	snik	[snik]

111. Guerra. Soldados

pelotão (m)	peleton	[peleton]
companhia (f)	kompanie	[kompani]
regimento (m)	regiment	[reχiment]
exército (m)	leër	[leɛr]
divisão (f)	divisie	[difisi]

| esquadrão (m) | afdeling | [afdeliŋ] |
| hoste (f) | leërskare | [leɛrskarə] |

| soldado (m) | soldaat | [soldãt] |
| oficial (m) | offisier | [offisir] |

soldado (m) raso	soldaat	[soldãt]
sargento (m)	sersant	[sersant]
tenente (m)	luitenant	[lœitənant]
capitão (m)	kaptein	[kaptæjn]
major (m)	majoor	[majoər]
coronel (m)	kolonel	[kolonəl]
general (m)	generaal	[χenerãl]

marujo (m)	matroos	[matroəs]
capitão (m)	kaptein	[kaptæjn]
contramestre (m)	bootsman	[boətsman]

artilheiro (m)	artilleris	[artilleris]
soldado (m) paraquedista	valskermsoldaat	[falskerm·soldãt]
piloto (m)	piloot	[piloət]
navegador (m)	navigator	[nafiχator]
mecânico (m)	werktuigkundige	[verktœiχ·kundiχə]

sapador-mineiro (m)	sappeur	[sappøər]
paraquedista (m)	valskermspringer	[falskerm·spriŋər]
explorador (m)	verkenner	[ferkɛnnər]
atirador (m) de tocaia	skerpskut	[skerp·skut]

patrulha (f)	patrollie	[patrolli]
patrulhar (vt)	patrolleer	[patrolleər]
sentinela (f)	wag	[vaχ]

guerreiro (m)	vegter	[feχtər]
patriota (m)	patriot	[patriot]
herói (m)	held	[hɛlt]
heroína (f)	heldin	[hɛldin]

| traidor (m) | verraaier | [ferrãjer] |
| trair (vt) | verraai | [ferrãi] |

| desertor (m) | droster | [drostər] |
| desertar (vt) | dros | [dros] |

mercenário (m)	huursoldaat	[hɪr·soldãt]
recruta (m)	rekruteer	[rekruteər]
voluntário (m)	vrywilliger	[frajvilliχər]

morto (m)	dooie	[doje]
ferido (m)	gewonde	[χevondə]
prisioneiro (m) de guerra	krygsgevangene	[krajχs·χefaŋənə]

112. Guerra. Ações militares. Parte 1

guerra (f)	oorlog	[oərloχ]
guerrear (vt)	oorlog voer	[oərloχ fur]
guerra (f) civil	burgeroorlog	[burgər·oərloχ]

perfidamente	**valslik**	[falslik]
declaração (f) de guerra	**oorlogsverklaring**	[oərloχs·ferklariŋ]
declarar guerra	**oorlog verklaar**	[oərloχ ferklār]
agressão (f)	**aggressie**	[aχrɛssi]
atacar (vt)	**aanval**	[ānfal]
invadir (vt)	**binneval**	[binnəfal]
invasor (m)	**binnevaller**	[binnəfallər]
conquistador (m)	**veroweraar**	[feroverār]
defesa (f)	**verdediging**	[ferdedəχiŋ]
defender (vt)	**verdedig**	[ferdedəχ]
defender-se (vr)	**jouself verdedig**	[jæʊsɛlf ferdedəχ]
inimigo (m)	**vyand**	[fajant]
adversário (m)	**teëstander**	[teɛstandər]
inimigo (adj)	**vyandig**	[fajandəχ]
estratégia (f)	**strategie**	[strateχi]
tática (f)	**taktiek**	[taktik]
ordem (f)	**bevel**	[befəl]
comando (m)	**bevel**	[befəl]
ordenar (vt)	**beveel**	[befeəl]
missão (f)	**opdrag**	[opdraχ]
secreto (adj)	**geheim**	[χəhæjm]
batalha (f)	**veldslag**	[fɛltslaχ]
combate (m)	**geveg**	[χefeχ]
ataque (m)	**aanval**	[ānfal]
assalto (m)	**bestorming**	[bestormiŋ]
assaltar (vt)	**bestorm**	[bestorm]
assédio, sítio (m)	**beleg**	[beleχ]
ofensiva (f)	**aanval**	[ānfal]
tomar à ofensiva	**tot die offensief oorgaan**	[tot di offɛŋsif oərχān]
retirada (f)	**terugtrekking**	[teruχ·trɛkkiŋ]
retirar-se (vr)	**terugtrek**	[teruχtrek]
cerco (m)	**omsingeling**	[omsinχəliŋ]
cercar (vt)	**omsingel**	[omsiŋəl]
bombardeio (m)	**bombardement**	[bombardement]
bombardear (vt)	**bombardeer**	[bombardeər]
explosão (f)	**ontploffing**	[ontploffiŋ]
tiro (m)	**skoot**	[skoət]
tiroteio (m)	**skiet**	[skit]
apontar para ...	**mik op**	[mik op]
apontar (vt)	**rig**	[riχ]
acertar (vt)	**tref**	[tref]
afundar (~ um navio, etc.)	**sink**	[sink]
brecha (f)	**gat**	[χat]

afundar-se (vr)	sink	[sink]
frente (m)	front	[front]
evacuação (f)	evakuasie	[ɛfakuasi]
evacuar (vt)	evakueer	[ɛfakueər]

trincheira (f)	loopgraaf	[loəpχrãf]
arame (m) enfarpado	doringdraad	[doriŋ·drãt]
barreira (f) anti-tanque	versperring	[fersperriŋ]
torre (f) de vigia	wagtoring	[vaχ·toriŋ]

hospital (m) militar	militêre hospitaal	[militærə hospitãl]
ferir (vt)	wond	[vont]
ferida (f)	wond	[vont]
ferido (m)	gewonde	[χevondə]
ficar ferido	gewond	[χevont]
grave (ferida ~)	ernstig	[ɛrnstəχ]

113. Guerra. Ações militares. Parte 2

cativeiro (m)	gevangenskap	[χefaŋənskap]
capturar (vt)	gevange neem	[χefaŋə neəm]
estar em cativeiro	in gevangenskap wees	[in χefaŋənskap veəs]
ser aprisionado	in gevangenskap geneem word	[in χefaŋənskap χeneəm vort]

campo (m) de concentração	konsentrasiekamp	[koŋsentrasi·kamp]
prisioneiro (m) de guerra	krygsgevangene	[krajχs·χefaŋənə]
escapar (vi)	ontsnap	[ontsnap]

trair (vt)	verraai	[ferrãi]
traidor (m)	verraaier	[ferrãjer]
traição (f)	verraad	[ferrãt]

fuzilar, executar (vt)	eksekuteer	[ɛksekuteər]
fuzilamento (m)	eksekusie	[ɛksekusi]

equipamento (m)	toerusting	[turustiŋ]
insígnia (f) de ombro	skouerstrook	[skæuer·stroək]
máscara (f) de gás	gasmasker	[χas·maskər]

rádio (m)	veldradio	[fɛlt·radio]
cifra (f), código (m)	geheime kode	[χəhæjmə kodə]
conspiração (f)	geheimhouding	[χəhæjm·hæʋdiŋ]
senha (f)	wagwoord	[vaχ·woərt]

mina (f)	landmyn	[land·majn]
minar (vt)	bemyn	[bemajn]
campo (m) minado	mynveld	[majn·fɛlt]

alarme (m) aéreo	lugalarm	[luχ·alarm]
alarme (m)	alarm	[alarm]
sinal (m)	sienjaal	[sinjãl]
sinalizador (m)	fakkel	[fakkel]
quartel-general (m)	hoofkwartier	[hoəf·kwartir]

reconhecimento (m)	verkenningstog	[ferkɛnniŋs·toχ]
situação (f)	toestand	[tustant]
relatório (m)	verslag	[ferslaχ]
emboscada (f)	hinderlaag	[hindər·lāχ]
reforço (m)	versterking	[ferstərkiŋ]
alvo (m)	doel	[dul]
campo (m) de tiro	proefterrein	[pruf·terræjn]
manobras (f pl)	militêre oefening	[militærə ufeniŋ]
pânico (m)	paniek	[panik]
devastação (f)	verwoesting	[ferwustiŋ]
ruínas (f pl)	verwoesting	[ferwustiŋ]
destruir (vt)	verwoes	[ferwus]
sobreviver (vi)	oorleef	[oərleəf]
desarmar (vt)	ontwapen	[ontvapen]
manusear (vt)	hanteer	[hanteər]
Sentido!	Aandag!	[āndaχ!]
Descansar!	Op die plek rus!	[op di plek rus!]
façanha (f)	heldedaad	[hɛldə·dāt]
juramento (m)	eed	[eət]
jurar (vi)	sweer	[sweər]
condecoração (f)	dekorasie	[dekorasiə]
condecorar (vt)	toeken	[tuken]
medalha (f)	medalje	[medaljə]
ordem (f)	orde	[ordə]
vitória (f)	oorwinning	[oərwinniŋ]
derrota (f)	nederlaag	[nedərlāχ]
armistício (m)	wapenstilstand	[vapɛn·stilstant]
bandeira (f)	vaandel	[fāndəl]
glória (f)	roem	[rum]
parada (f)	parade	[paradə]
marchar (vi)	marseer	[marseər]

114. Armas

arma (f)	wapens	[vapɛns]
arma (f) de fogo	vuurwapens	[fɪr·vapɛns]
arma (f) branca	messe	[mɛssə]
arma (f) química	chemiese wapens	[χemisə vapɛns]
nuclear (adj)	kern-	[kern-]
arma (f) nuclear	kernwapens	[kern·vapɛns]
bomba (f)	bom	[bom]
bomba (f) atômica	atoombom	[atoəm·bom]
pistola (f)	pistool	[pistoəl]
rifle (m)	geweer	[χeveər]

semi-automática (f)	aanvalsgeweer	[ānvals·χeveǝr]
metralhadora (f)	masjiengeweer	[maʃin·χeveǝr]
boca (f)	loop	[loǝp]
cano (m)	loop	[loǝp]
calibre (m)	kaliber	[kalibǝr]
gatilho (m)	sneller	[snɛllǝr]
mira (f)	visier	[fisir]
carregador (m)	magasyn	[maχasajn]
coronha (f)	kolf	[kolf]
granada (f) de mão	handgranaat	[hand·χranāt]
explosivo (m)	springstof	[spriŋstof]
bala (f)	koeël	[kuɛl]
cartucho (m)	patroon	[patroǝn]
carga (f)	lading	[ladiŋ]
munições (f pl)	ammunisie	[ammunisi]
bombardeiro (m)	bomwerper	[bom·werpǝr]
avião (m) de caça	straalvegter	[strāl·feχtǝr]
helicóptero (m)	helikopter	[helikoptǝr]
canhão (m) antiaéreo	lugafweer	[luχafweǝr]
tanque (m)	tenk	[tɛnk]
canhão (de um tanque)	tenkkanon	[tɛnk·kanon]
artilharia (f)	artillerie	[artilleri]
canhão (m)	kanon	[kanon]
fazer a pontaria	aanlê	[ānlɛ:]
projétil (m)	projektiel	[projektil]
granada (f) de morteiro	mortierbom	[mortir·bom]
morteiro (m)	mortier	[mortir]
estilhaço (m)	skrapnel	[skrapnǝl]
submarino (m)	duikboot	[dœik·boǝt]
torpedo (m)	torpedo	[torpedo]
míssil (m)	vuurpyl	[fɪr·pajl]
carregar (uma arma)	laai	[lāi]
disparar, atirar (vi)	skiet	[skit]
apontar para ...	rig op	[riχ op]
baioneta (f)	bajonet	[bajonet]
espada (f)	rapier	[rapir]
sabre (m)	sabel	[sabǝl]
lança (f)	spies	[spis]
arco (m)	boog	[boǝχ]
flecha (f)	pyl	[pajl]
mosquete (m)	musket	[musket]
besta (f)	kruisboog	[krœis·boǝχ]

115. Povos da antiguidade

primitivo (adj)	**primitief**	[primitif]
pré-histórico (adj)	**prehistories**	[prehistoris]
antigo (adj)	**antiek**	[antik]
Idade (f) da Pedra	**Steentydperk**	[steən·tajtperk]
Idade (f) do Bronze	**Bronstydperk**	[broŋs·tajtperk]
Era (f) do Gelo	**Ystydperk**	[ajs·tajtperk]
tribo (f)	**stam**	[stam]
canibal (m)	**mensvreter**	[mɛŋs·fretər]
caçador (m)	**jagter**	[jaχtər]
caçar (vi)	**jag**	[jaχ]
mamute (m)	**mammoet**	[mammut]
caverna (f)	**grot**	[χrot]
fogo (m)	**vuur**	[fɪr]
fogueira (f)	**kampvuur**	[kampfɪr]
pintura (f) rupestre	**rotstekening**	[rots·tekəniŋ]
ferramenta (f)	**werktuig**	[verktœiχ]
lança (f)	**spies**	[spis]
machado (m) de pedra	**klipbyl**	[klip·bajl]
guerrear (vt)	**oorlog voer**	[oərloχ fur]
domesticar (vt)	**tem**	[tem]
ídolo (m)	**afgod**	[afχot]
adorar, venerar (vt)	**aanbid**	[ānbit]
superstição (f)	**bygeloof**	[bajχəloəf]
ritual (m)	**ritueel**	[ritueəl]
evolução (f)	**evolusie**	[ɛfolusi]
desenvolvimento (m)	**ontwikkeling**	[ontwikkeliŋ]
extinção (f)	**verdwyning**	[ferdwajniŋ]
adaptar-se (vr)	**jou aanpas**	[jæʊ ānpas]
arqueologia (f)	**argeologie**	[arχeoloχi]
arqueólogo (m)	**argeoloog**	[arχeoloəχ]
arqueológico (adj)	**argeologies**	[arχeoloχis]
escavação (sítio)	**opgrawingsplek**	[opχraviŋs·plek]
escavações (f pl)	**opgrawingsplekke**	[opχraviŋs·plɛkkə]
achado (m)	**vonds**	[fonds]
fragmento (m)	**fragment**	[fraχment]

116. Idade média

povo (m)	**volk**	[folk]
povos (m pl)	**bevolking**	[befolkiŋ]
tribo (f)	**stam**	[stam]
tribos (f pl)	**stamme**	[stammə]
bárbaros (pl)	**barbare**	[barbarə]

galeses (pl)	Galliërs	[χalliɛrs]
godos (pl)	Gote	[χote]
eslavos (pl)	Slawe	[slavə]
viquingues (pl)	Vikings	[vikiŋs]

romanos (pl)	Romeine	[romæjnə]
romano (adj)	Romeins	[romæjns]

bizantinos (pl)	Bisantyne	[bisantajnə]
Bizâncio	Bisantium	[bisantium]
bizantino (adj)	Bisantyns	[bisantajns]

imperador (m)	keiser	[kæjsər]
líder (m)	leier	[læjer]
poderoso (adj)	magtig	[maχtəχ]
rei (m)	koning	[koniŋ]
governante (m)	heerser	[heərsər]

cavaleiro (m)	ridder	[riddər]
senhor feudal (m)	feodale heerser	[feodalə heərsər]
feudal (adj)	feodaal	[feodãl]
vassalo (m)	vasal	[fasal]

duque (m)	hertog	[hertoχ]
conde (m)	graaf	[χrãf]
barão (m)	baron	[baron]
bispo (m)	biskop	[biskop]

armadura (f)	harnas	[harnas]
escudo (m)	skild	[skilt]
espada (f)	swaard	[swãrt]
viseira (f)	visier	[fisir]
cota (f) de malha	maliehemp	[mali·hemp]

cruzada (f)	Kruistog	[krœis·toχ]
cruzado (m)	kruisvaarder	[krœis·fãrdər]

território (m)	gebied	[χebit]
atacar (vt)	aanval	[ãnfal]
conquistar (vt)	verower	[ferovər]
ocupar, invadir (vt)	beset	[beset]

assédio, sítio (m)	beleg	[beleχ]
sitiado (adj)	beleërde	[beleɛrdə]
assediar, sitiar (vt)	beleër	[beleɛr]

inquisição (f)	inkwisisie	[inkvisisi]
inquisidor (m)	inkwisiteur	[inkvisitøər]
tortura (f)	marteling	[martəliŋ]
cruel (adj)	wreed	[vreet]
herege (m)	ketter	[kɛttər]
heresia (f)	kettery	[kɛtteraj]

navegação (f) marítima	seevaart	[seə·fãrt]
pirata (m)	piraat, seerower	[pirãt], [seə·rovər]
pirataria (f)	piratery, seerowery	[pirateraj], [seə·roveraj]

abordagem (f)	enter	[ɛntər]
presa (f), butim (m)	buit	[bœit]
tesouros (m pl)	skatte	[skattə]

descobrimento (m)	ontdekking	[ontdɛkkiŋ]
descobrir (novas terras)	ontdek	[ontdek]
expedição (f)	ekspedisie	[ɛkspedisi]

mosqueteiro (m)	musketier	[musketir]
cardeal (m)	kardinaal	[kardinãl]
heráldica (f)	heraldiek	[heraldik]
heráldico (adj)	heraldies	[heraldis]

117. Líder. Chefe. Autoridades

rei (m)	koning	[koniŋ]
rainha (f)	koningin	[koniŋin]
real (adj)	koninklik	[koninklik]
reino (m)	koninkryk	[koninkrajk]

| príncipe (m) | prins | [prins] |
| princesa (f) | prinses | [prinsəs] |

presidente (m)	president	[president]
vice-presidente (m)	vise-president	[fise-president]
senador (m)	senator	[senator]

monarca (m)	monarg	[monarχ]
governante (m)	heerser	[heərsər]
ditador (m)	diktator	[diktator]
tirano (m)	tiran	[tiran]
magnata (m)	magnaat	[maχnãt]

diretor (m)	direkteur	[direktøər]
chefe (m)	baas	[bãs]
gerente (m)	bestuurder	[bestɪrdər]
patrão (m)	baas	[bãs]
dono (m)	eienaar	[æjenãr]

líder (m)	leier	[læjer]
chefe (m)	hoof	[hoəf]
autoridades (f pl)	outoriteite	[æutoritæjtə]
superiores (m pl)	hoofde	[hoəfdə]

governador (m)	goewerneur	[χuvernøər]
cônsul (m)	konsul	[koŋsul]
diplomata (m)	diplomaat	[diplomãt]
Presidente (m) da Câmara	burgermeester	[burgər·meəstər]
xerife (m)	sheriff	[sheriff]

imperador (m)	keiser	[kæjsər]
czar (m)	tsaar	[tsãr]
faraó (m)	farao	[farao]
cã, khan (m)	kan	[kan]

118. Violação da lei. Criminosos. Parte 1

bandido (m)	bandiet	[bandit]
crime (m)	misdaad	[misdāt]
criminoso (m)	misdadiger	[misdadiχər]
ladrão (m)	dief	[dif]
roubar (vt)	steel	[steəl]
roubo (atividade)	steel	[steəl]
furto (m)	diefstal	[difstal]
raptar, sequestrar (vt)	ontvoer	[ontfur]
sequestro (m)	ontvoering	[ontfuriŋ]
sequestrador (m)	ontvoerder	[ontfurdər]
resgate (m)	losgeld	[losχɛlt]
pedir resgate	losgeld eis	[losχɛlt æjs]
roubar (vt)	besteel	[besteəl]
assalto, roubo (m)	oorval	[oərfal]
assaltante (m)	boef	[buf]
extorquir (vt)	afpers	[afpers]
extorsionário (m)	afperser	[afpersər]
extorsão (f)	afpersing	[afpersiŋ]
matar, assassinar (vt)	vermoor	[fermoər]
homicídio (m)	moord	[moərt]
homicida, assassino (m)	moordenaar	[moərdenār]
tiro (m)	skoot	[skoət]
matar a tiro	doodskiet	[doədskit]
disparar, atirar (vi)	skiet	[skit]
tiroteio (m)	skietery	[skiteraj]
incidente (m)	insident	[insident]
briga (~ de rua)	geveg	[χefeχ]
Socorro!	Help!	[hɛlp!]
vítima (f)	slagoffer	[slaχoffər]
danificar (vt)	beskadig	[beskadəχ]
dano (m)	skade	[skadə]
cadáver (m)	lyk	[lajk]
grave (adj)	ernstig	[ɛrnstəχ]
atacar (vt)	aanval	[ānfal]
bater (espancar)	slaan	[slān]
espancar (vt)	platslaan	[platslān]
tirar, roubar (dinheiro)	vat	[fat]
esfaquear (vt)	doodsteek	[doədsteək]
mutilar (vt)	vermink	[fermink]
ferir (vt)	wond	[vont]
chantagem (f)	afpersing	[afpersiŋ]
chantagear (vt)	afpers	[afpers]

chantagista (m)	afperser	[afpersər]
extorsão (f)	beskermingswendelary	[beskermiŋ·swendəlaraj]
extorsionário (m)	afperser	[afpersər]
gângster (m)	boef	[buf]
máfia (f)	mafia	[mafia]

punguista (m)	sakkeroller	[sakkerollər]
assaltante, ladrão (m)	inbreker	[inbrekər]
contrabando (m)	smokkel	[smokkəl]
contrabandista (m)	smokkelaar	[smokkəlār]

falsificação (f)	vervalsing	[ferfalsiŋ]
falsificar (vt)	verval	[ferfal]
falsificado (adj)	vals	[fals]

119. Violação da lei. Criminosos. Parte 2

estupro (m)	verkragting	[ferkraχtiŋ]
estuprar (vt)	verkrag	[ferkraχ]
estuprador (m)	verkragter	[ferkraχtər]
maníaco (m)	maniak	[maniak]

prostituta (f)	prostituut	[prostitɹt]
prostituição (f)	prostitusie	[prostitusi]
cafetão (m)	pooier	[pojer]

drogado (m)	dwelmslaaf	[dwɛlm·slāf]
traficante (m)	dwelmhandelaar	[dwɛlm·handəlār]

explodir (vt)	opblaas	[opblās]
explosão (f)	ontploffing	[ontploffiŋ]
incendiar (vt)	aan die brand steek	[ān di brant steək]
incendiário (m)	brandstigter	[brant·stiχtər]

terrorismo (m)	terrorisme	[terrorismə]
terrorista (m)	terroris	[terroris]
refém (m)	gyselaar	[χajsəlār]

enganar (vt)	bedrieg	[bedrəχ]
engano (m)	bedrog	[bedroχ]
vigarista (m)	bedrieër	[bedriɛr]

subornar (vt)	omkoop	[omkoəp]
suborno (atividade)	omkopery	[omkoperaj]
suborno (dinheiro)	omkoopgeld	[omkoəp·χɛlt]

veneno (m)	gif	[χif]
envenenar (vt)	vergiftig	[ferχiftəχ]
envenenar-se (vr)	jouself vergiftig	[jæusɛlf ferχiftəχ]

suicídio (m)	selfmoord	[sɛlfmoərt]
suicida (m)	selfmoordenaar	[sɛlfmoərdenār]
ameaçar (vt)	dreig	[dræjχ]
ameaça (f)	dreigement	[dræjχement]

atentado (m)	aanslag	[āŋslaχ]
roubar (um carro)	steel	[steəl]
sequestrar (um avião)	kaap	[kāp]

| vingança (f) | wraak | [vrāk] |
| vingar (vt) | wreek | [vreək] |

torturar (vt)	martel	[martəl]
tortura (f)	marteling	[martəliŋ]
atormentar (vt)	folter	[foltər]

pirata (m)	piraat, seerower	[pirāt], [see·rovər]
desordeiro (m)	skollie	[skolli]
armado (adj)	gewapen	[χevapen]
violência (f)	geweld	[χevεlt]
ilegal (adj)	onwettig	[onwεttəχ]

| espionagem (f) | spioenasie | [spiunasi] |
| espionar (vi) | spioeneer | [spiuneər] |

120. Polícia. Lei. Parte 1

| justiça (sistema de ~) | justisie | [jəstisi] |
| tribunal (m) | geregshof | [χereχshof] |

juiz (m)	regter	[reχtər]
jurados (m pl)	jurielede	[juriledə]
tribunal (m) do júri	jurieregspraak	[juri·reχsprāk]
julgar (vt)	bereg	[bereχ]

advogado (m)	advokaat	[adfokāt]
réu (m)	beklaagde	[beklāχdə]
banco (m) dos réus	beklaagdebank	[beklāχdə·bank]

| acusação (f) | aanklag | [ānklaχ] |
| acusado (m) | beskuldigde | [beskuldiχdə] |

| sentença (f) | vonnis | [fonnis] |
| sentenciar (vt) | veroordeel | [feroərdeəl] |

culpado (m)	skuldig	[skuldəχ]
punir (vt)	straf	[straf]
punição (f)	straf	[straf]

| multa (f) | boete | [butə] |
| prisão (f) perpétua | lewenslange gevangenisstraf | [levεnslaŋə χefaŋenis·straf] |

pena (f) de morte	doodstraf	[doədstraf]
cadeira (f) elétrica	elektriese stoel	[εlektrisə stul]
forca (f)	galg	[χalχ]

executar (vt)	eksekuteer	[εksekuteər]
execução (f)	eksekusie	[εksekusi]
prisão (f)	tronk	[tronk]

cela (f) de prisão	sel	[səl]
escolta (f)	eskort	[ɛskort]
guarda (m) prisional	tronkbewaarder	[tronk·bevārdər]
preso, prisioneiro (m)	gevangene	[χefaŋənə]

| algemas (f pl) | handboeie | [hant·buje] |
| algemar (vt) | in die boeie slaan | [in di buje slān] |

fuga, evasão (f)	ontsnapping	[ontsnappiŋ]
fugir (vi)	ontsnap	[ontsnap]
desaparecer (vi)	verdwyn	[ferdwajn]
soltar, libertar (vt)	vrylaat	[frajlāt]
anistia (f)	amnestie	[amnesti]

polícia (instituição)	polisie	[polisi]
polícia (m)	polisieman	[polisi·man]
delegacia (f) de polícia	polisiestasie	[polisi·stasi]
cassetete (m)	knuppel	[knuppəl]
megafone (m)	megafoon	[meχafoən]

carro (m) de patrulha	patrolliemotor	[patrolli·motor]
sirene (f)	sirene	[sirenə]
ligar a sirene	die sirene aanskakel	[di sirenə āŋskakəl]
toque (m) da sirene	sirenegeloei	[sirenə·χelui]

cena (f) do crime	misdaadtoneel	[misdād·toneel]
testemunha (f)	getuie	[χetœiə]
liberdade (f)	vryheid	[frajhæjt]
cúmplice (m)	medepligtige	[medə·pliχtiχə]
escapar (vi)	ontvlug	[ontfluχ]
traço (não deixar ~s)	spoor	[spoər]

121. Polícia. Lei. Parte 2

procura (f)	soektog	[suktoχ]
procurar (vt)	soek ...	[suk ...]
suspeita (f)	verdenking	[ferdɛnkiŋ]
suspeito (adj)	verdag	[ferdaχ]
parar (veículo, etc.)	teëhou	[teɛhæʊ]
deter (fazer parar)	aanhou	[ānhæʊ]

caso (~ criminal)	hofsaak	[hofsāk]
investigação (f)	ondersoek	[ondərsuk]
detetive (m)	speurder	[spøərdər]
investigador (m)	speurder	[spøərdər]
versão (f)	hipotese	[hipotesə]

motivo (m)	motief	[motif]
interrogatório (m)	ondervraging	[ondərfraχiŋ]
interrogar (vt)	ondervra	[ondərfra]
questionar (vt)	verhoor	[ferhoər]
verificação (f)	kontroleer	[kontroleər]
batida (f) policial	klopjag	[klopjaχ]
busca (f)	huissoeking	[hœis·sukiŋ]

perseguição (f)	agtervolging	[aχtərfolχiŋ]
perseguir (vt)	agtervolg	[aχtərfolχ]
seguir, rastrear (vt)	opspoor	[opspoər]

prisão (f)	inhegtenisneming	[inheχtenis·nemiŋ]
prender (vt)	arresteer	[arresteər]
pegar, capturar (vt)	vang	[faŋ]
captura (f)	opsporing	[opsporiŋ]

documento (m)	dokument	[dokument]
prova (f)	bewys	[bevajs]
provar (vt)	bewys	[bevajs]
pegada (f)	voetspoor	[futspoər]
impressões (f pl) digitais	vingerafdrukke	[fiŋər·afdrukkə]
prova (f)	bewysstuk	[bevajs·stuk]

álibi (m)	alibi	[alibi]
inocente (adj)	onskuldig	[ɔŋskuldəχ]
injustiça (f)	onreg	[onreχ]
injusto (adj)	onregverdig	[onreχferdəχ]

criminal (adj)	krimineel	[krimineəl]
confiscar (vt)	in beslag neem	[in beslaχ neəm]
droga (f)	dwelm	[dwɛlm]
arma (f)	wapen	[vapen]
desarmar (vt)	ontwapen	[ontvapen]
ordenar (vt)	beveel	[befeəl]
desaparecer (vi)	verdwyn	[ferdwajn]

lei (f)	wet	[vet]
legal (adj)	wettig	[vɛttəχ]
ilegal (adj)	onwettig	[onwɛttəχ]

| responsabilidade (f) | verantwoordelikheid | [ferant·voərdelikhæjt] |
| responsável (adj) | verantwoordelik | [ferant·voərdelik] |

NATUREZA

A Terra. Parte 1

122. Espaço sideral

espaço, cosmo (m)	kosmos	[kosmos]
espacial, cósmico (adj)	kosmies	[kosmis]
espaço (m) cósmico	buitenste ruimte	[bœitɛŋstə rajmtə]
mundo (m)	wêreld	[værɛlt]
universo (m)	heelal	[heəlal]
galáxia (f)	sterrestelsel	[sterrə·stɛlsəl]
estrela (f)	ster	[ster]
constelação (f)	sterrebeeld	[sterrə·beəlt]
planeta (m)	planeet	[planeət]
satélite (m)	satelliet	[satɛllit]
meteorito (m)	meteoriet	[meteorit]
cometa (m)	komeet	[komeət]
asteroide (m)	asteroïed	[asteroïət]
órbita (f)	baan	[bān]
girar (vi)	draai	[drāi]
atmosfera (f)	atmosfeer	[atmosfeər]
Sol (m)	die Son	[di son]
Sistema (m) Solar	sonnestelsel	[sonnə·stɛlsəl]
eclipse (m) solar	sonsverduistering	[sɔŋs·ferdœisteriŋ]
Terra (f)	die Aarde	[di ārdə]
Lua (f)	die Maan	[di mān]
Marte (m)	Mars	[mars]
Vênus (f)	Venus	[fenus]
Júpiter (m)	Jupiter	[jupitər]
Saturno (m)	Saturnus	[saturnus]
Mercúrio (m)	Mercurius	[merkurius]
Urano (m)	Uranus	[uranus]
Netuno (m)	Neptunus	[neptunus]
Plutão (m)	Pluto	[pluto]
Via Láctea (f)	Melkweg	[melk·weχ]
Ursa Maior (f)	Groot Beer	[χroət beər]
Estrela Polar (f)	Poolster	[poəl·stər]
marciano (m)	marsbewoner	[mars·bevonər]
extraterrestre (m)	buiteaardse wese	[bœitə·ārdsə vesə]

alienígena (m)	ruimtewese	[rœimtə·vesə]
disco (m) voador	vlieënde skottel	[fliɛndə skottəl]
espaçonave (f)	ruimteskip	[rœimtə·skip]
estação (f) orbital	ruimtestasie	[rœimtə·stasi]
lançamento (m)	vertrek	[fertrek]
motor (m)	enjin	[ɛndʒin]
bocal (m)	uitlaatpyp	[œitlãt·pajp]
combustível (m)	brandstof	[brantstof]
cabine (f)	stuurkajuit	[stɪr·kajœit]
antena (f)	lugdraad	[luχdrãt]
vigia (f)	patryspoort	[patrajs·poərt]
bateria (f) solar	sonpaneel	[son·paneəl]
traje (m) espacial	ruimtepak	[rœimtə·pak]
imponderabilidade (f)	gewigloosheid	[χeviχloəshæjt]
oxigênio (m)	suurstof	[sɪrstof]
acoplagem (f)	koppeling	[koppeliŋ]
fazer uma acoplagem	koppel	[koppəl]
observatório (m)	observatorium	[observatorium]
telescópio (m)	teleskoop	[teleskoəp]
observar (vt)	waarneem	[vãrneəm]
explorar (vt)	eksploreer	[ɛksploreər]

123. A Terra

Terra (f)	die Aarde	[di ãrdə]
globo terrestre (Terra)	die aardbol	[di ãrdbol]
planeta (m)	planeet	[planeət]
atmosfera (f)	atmosfeer	[atmosfeər]
geografia (f)	geografie	[χeoχrafi]
natureza (f)	natuur	[natɪr]
globo (mapa esférico)	aardbol	[ãrd·bol]
mapa (m)	kaart	[kãrt]
atlas (m)	atlas	[atlas]
Europa (f)	Europa	[øəropa]
Ásia (f)	Asië	[asiɛ]
África (f)	Afrika	[afrika]
Austrália (f)	Australië	[ɔustraliɛ]
América (f)	Amerika	[amerika]
América (f) do Norte	Noord-Amerika	[noərd-amerika]
América (f) do Sul	Suid-Amerika	[sœid-amerika]
Antártida (f)	Suidpool	[sœid·poəl]
Ártico (m)	Noordpool	[noərd·poəl]

124. Pontos cardeais

norte (m)	noorde	[noərdə]
para norte	na die noorde	[na di noərdə]
no norte	in die noorde	[in di noərdə]
do norte (adj)	noordelik	[noərdəlik]
sul (m)	suide	[sœidə]
para sul	na die suide	[na di sœidə]
no sul	in die suide	[in di sœidə]
do sul (adj)	suidelik	[sœidəlik]
oeste, ocidente (m)	weste	[vestə]
para oeste	na die weste	[na di vestə]
no oeste	in die weste	[in di vestə]
ocidental (adj)	westelik	[vestelik]
leste, oriente (m)	ooste	[oəstə]
para leste	na die ooste	[na di oəstə]
no leste	in die ooste	[in di oəstə]
oriental (adj)	oostelik	[oəstəlik]

125. Mar. Oceano

mar (m)	see	[seə]
oceano (m)	oseaan	[oseãn]
golfo (m)	golf	[χolf]
estreito (m)	straat	[strāt]
terra (f) firme	land	[lant]
continente (m)	kontinent	[kontinent]
ilha (f)	eiland	[æjlant]
península (f)	skiereiland	[skir·æjlant]
arquipélago (m)	argipel	[arχipəl]
baía (f)	baai	[bāi]
porto (m)	hawe	[havə]
lagoa (f)	strandmeer	[strand·meər]
cabo (m)	kaap	[kāp]
atol (m)	atol	[atol]
recife (m)	rif	[rif]
coral (m)	koraal	[korāl]
recife (m) de coral	koraalrif	[korāl·rif]
profundo (adj)	diep	[dip]
profundidade (f)	diepte	[diptə]
abismo (m)	afgrond	[afχront]
fossa (f) oceânica	trog	[troχ]
corrente (f)	stroming	[stromiŋ]
banhar (vt)	omring	[omriŋ]

litoral (m)	oewer	[uvər]
costa (f)	kus	[kus]

maré (f) alta	hoogwater	[hoəχ·vatər]
refluxo (m)	laagwater	[lãχ·vatər]
restinga (f)	sandbank	[sand·bank]
fundo (m)	bodem	[bodem]

onda (f)	golf	[χolf]
crista (f) da onda	kruin	[krœin]
espuma (f)	skuim	[skœim]

tempestade (f)	storm	[storm]
furacão (m)	orkaan	[orkãn]
tsunami (m)	tsunami	[tsunami]
calmaria (f)	windstilte	[vindstiltə]
calmo (adj)	kalm	[kalm]

polo (m)	pool	[poəl]
polar (adj)	polêr	[polær]

latitude (f)	breedtegraad	[breədtə·χrãt]
longitude (f)	lengtegraad	[leŋtə·χrãt]
paralela (f)	parallel	[paralləl]
equador (m)	ewenaar	[ɛvenãr]

céu (m)	hemel	[heməl]
horizonte (m)	horison	[horison]
ar (m)	lug	[luχ]

farol (m)	vuurtoring	[fɪrtoriŋ]
mergulhar (vi)	duik	[dœik]
afundar-se (vr)	sink	[sink]
tesouros (m pl)	skatte	[skattə]

126. Nomes de Mares e Oceanos

Oceano (m) Atlântico	Atlantiese oseaan	[atlantisə oseãn]
Oceano (m) Índico	Indiese Oseaan	[indisə oseãn]
Oceano (m) Pacífico	Stille Oseaan	[stillə oseãn]
Oceano (m) Ártico	Noordelike Yssee	[noərdelikə ajs·seə]

Mar (m) Negro	Swart See	[swart seə]
Mar (m) Vermelho	Rooi See	[roj seə]
Mar (m) Amarelo	Geel See	[χeəl seə]
Mar (m) Branco	Witsee	[vit·seə]

Mar (m) Cáspio	Kaspiese See	[kaspisə seə]
Mar (m) Morto	Dooie See	[doje seə]
Mar (m) Mediterrâneo	Middellandse See	[middəllandsə seə]

Mar (m) Egeu	Egeïese See	[ɛχejesə seə]
Mar (m) Adriático	Adriatiese See	[adriatisə seə]
Mar (m) Arábico	Arabiese See	[arabisə seə]

Mar (m) do Japão	Japanse See	[japaŋsə seə]
Mar (m) de Bering	Beringsee	[beriŋ·seə]
Mar (m) da China Meridional	Suid-Sjinese See	[sœid-ʃinesə seə]
Mar (m) de Coral	Koraalsee	[korāl·seə]
Mar (m) de Tasman	Tasmansee	[tasmaŋ·seə]
Mar (m) do Caribe	Karibiese See	[karibisə seə]
Mar (m) de Barents	Barentssee	[barents·seə]
Mar (m) de Kara	Karasee	[kara·seə]
Mar (m) do Norte	Noordsee	[noərd·seə]
Mar (m) Báltico	Baltiese See	[baltisə seə]
Mar (m) da Noruega	Noorse See	[noərsə seə]

127. Montanhas

montanha (f)	berg	[berχ]
cordilheira (f)	bergreeks	[berχ·reəks]
serra (f)	bergrug	[berχ·ruχ]
cume (m)	top	[top]
pico (m)	piek	[pik]
pé (m)	voet	[fut]
declive (m)	helling	[hɛlliŋ]
vulcão (m)	vulkaan	[fulkān]
vulcão (m) ativo	aktiewe vulkaan	[aktivə fulkān]
vulcão (m) extinto	rustende vulkaan	[rustendə fulkān]
erupção (f)	uitbarsting	[œitbarstiŋ]
cratera (f)	krater	[kratər]
magma (m)	magma	[maχma]
lava (f)	lawa	[lava]
fundido (lava ~a)	gloeiende	[χlujendə]
cânion, desfiladeiro (m)	diepkloof	[dip·kloəf]
garganta (f)	kloof	[kloəf]
fenda (f)	skeur	[skøər]
precipício (m)	afgrond	[afχront]
passo, colo (m)	bergpas	[berχ·pas]
planalto (m)	plato	[plato]
falésia (f)	krans	[kraŋs]
colina (f)	kop	[kop]
geleira (f)	gletser	[χletsər]
cachoeira (f)	waterval	[vatər·fal]
gêiser (m)	geiser	[χæjsər]
lago (m)	meer	[meər]
planície (f)	vlakte	[flaktə]
paisagem (f)	landskap	[landskap]
eco (m)	eggo	[ɛχχo]

alpinista (m)	**alpinis**	[alpinis]
escalador (m)	**bergklimmer**	[berχ·klimmər]
conquistar (vt)	**baasraak**	[bāsrāk]
subida, escalada (f)	**beklimming**	[beklimmiŋ]

128. Nomes de montanhas

Alpes (m pl)	**die Alpe**	[di alpə]
Monte Branco (m)	**Mont Blanc**	[mon blan]
Pirineus (m pl)	**die Pireneë**	[di pireneɛ]
Cárpatos (m pl)	**die Karpate**	[di karpatə]
Urais (m pl)	**die Oeralgebergte**	[di ural·χəberχtə]
Cáucaso (m)	**die Koukasus Gebergte**	[di kæʊkasus χəberχtə]
Elbrus (m)	**Elbroes**	[ɛlbrus]
Altai (m)	**die Altai-gebergte**	[di altaj-χəberχtə]
Tian Shan (m)	**die Tian Shan**	[di tian ʃan]
Pamir (m)	**die Pamir**	[di pamir]
Himalaia (m)	**die Himalajas**	[di himalajas]
monte Everest (m)	**Everest**	[ɛverest]
Cordilheira (f) dos Andes	**die Andes**	[di andes]
Kilimanjaro (m)	**Kilimanjaro**	[kilimandʒaro]

129. Rios

rio (m)	**rivier**	[rifir]
fonte, nascente (f)	**bron**	[bron]
leito (m) de rio	**rivierbed**	[rifir·bet]
bacia (f)	**stroomgebied**	[stroəm·χebit]
desaguar no ...	**uitmond in ...**	[œitmont in ...]
afluente (m)	**syrivier**	[saj·rifir]
margem (do rio)	**oewer**	[uvər]
corrente (f)	**stroming**	[stromiŋ]
rio abaixo	**stroomafwaarts**	[stroəm·afvārts]
rio acima	**stroomopwaarts**	[stroəm·opvārts]
inundação (f)	**oorstroming**	[oərstromiŋ]
cheia (f)	**oorstroming**	[oərstromiŋ]
transbordar (vi)	**oor sy walle loop**	[oər saj vallə loəp]
inundar (vt)	**oorstroom**	[oərstroəm]
banco (m) de areia	**sandbank**	[sand·bank]
corredeira (f)	**stroomversnellings**	[stroəm·fersnɛlliŋs]
barragem (f)	**damwal**	[dam·wal]
canal (m)	**kanaal**	[kanāl]
reservatório (m) de água	**opgaardam**	[opχār·dam]
eclusa (f)	**sluis**	[slœis]

corpo (m) de água	dam	[dam]
pântano (m)	moeras	[muras]
lamaçal (m)	vlei	[flæj]
redemoinho (m)	draaikolk	[drāj·kolk]

riacho (m)	spruit	[sprœit]
potável (adj)	drink-	[drink-]
doce (água)	vars	[fars]

| gelo (m) | ys | [ajs] |
| congelar-se (vr) | bevries | [befris] |

130. Nomes de rios

| rio Sena (m) | Seine | [sæjn] |
| rio Loire (m) | Loire | [lua:r] |

rio Tâmisa (m)	Teems	[tems]
rio Reno (m)	Ryn	[rajn]
rio Danúbio (m)	Donau	[donɔu]

rio Volga (m)	Wolga	[volga]
rio Don (m)	Don	[don]
rio Lena (m)	Lena	[lena]

rio Amarelo (m)	Geel Rivier	[xeəl rifir]
rio Yangtzé (m)	Blou Rivier	[blæʊ rifir]
rio Mekong (m)	Mekong	[mekoŋ]
rio Ganges (m)	Ganges	[xaŋəs]

rio Nilo (m)	Nyl	[najl]
rio Congo (m)	Kongorivier	[kongo·rifir]
rio Cubango (m)	Okavango	[okavango]
rio Zambeze (m)	Zambezi	[sambesi]
rio Limpopo (m)	Limpopo	[limpopo]
rio Mississippi (m)	Mississippi	[mississippi]

131. Floresta

| floresta (f), bosque (m) | bos | [bos] |
| florestal (adj) | bos- | [bos-] |

mata (f) fechada	woud	[væʊt]
arvoredo (m)	boord	[boərt]
clareira (f)	oopte	[oəptə]

| matagal (m) | struikgewas | [strœik·xevas] |
| mato (m), caatinga (f) | struikveld | [strœik·fɛlt] |

pequena trilha (f)	paadjie	[pādʒi]
ravina (f)	donga	[donxa]
árvore (f)	boom	[boəm]

folha (f)	blaar	[blãr]
folhagem (f)	blare	[blarə]

queda (f) das folhas	val van die blare	[fal fan di blarə]
cair (vi)	val	[fal]
topo (m)	boomtop	[boəm·top]

ramo (m)	tak	[tak]
galho (m)	tak	[tak]
botão (m)	knop	[knop]
agulha (f)	naald	[nãlt]
pinha (f)	dennebol	[dɛnnə·bol]

buraco (m) de árvore	holte	[holtə]
ninho (m)	nes	[nes]
toca (f)	gat	[χat]

tronco (m)	stam	[stam]
raiz (f)	wortel	[vortəl]
casca (f) de árvore	bas	[bas]
musgo (m)	mos	[mos]

arrancar pela raiz	ontwortel	[ontwortəl]
cortar (vt)	omkap	[omkap]
desflorestar (vt)	ontbos	[ontbos]
toco, cepo (m)	boomstomp	[boəm·stomp]

fogueira (f)	kampvuur	[kampfɪr]
incêndio (m) florestal	bosbrand	[bos·brant]
apagar (vt)	blus	[blus]

guarda-parque (m)	boswagter	[bos·waχtər]
proteção (f)	beskerming	[beskermiŋ]
proteger (a natureza)	beskerm	[beskerm]
caçador (m) furtivo	wildstroper	[vilt·stropər]
armadilha (f)	slagyster	[slaχ·ajstər]

colher (cogumelos, bagas)	pluk	[pluk]
perder-se (vr)	verdwaal	[ferdwãl]

132. Recursos naturais

recursos (m pl) naturais	natuurlike bronne	[natɪrlikə bronnə]
minerais (m pl)	minerale	[mineralə]
depósitos (m pl)	lae	[laə]
jazida (f)	veld	[fɛlt]

extrair (vt)	myn	[majn]
extração (f)	myn	[majn]
minério (m)	erts	[ɛrts]
mina (f)	myn	[majn]
poço (m) de mina	mynskag	[majn·skaχ]
mineiro (m)	mynwerker	[majn·werkər]
gás (m)	gas	[χas]

gasoduto (m)	**gaspyp**	[χas·pajp]
petróleo (m)	**olie**	[oli]
oleoduto (m)	**olipypleiding**	[oli·pajp·læjdiŋ]
poço (m) de petróleo	**oliebron**	[oli·bron]
torre (f) petrolífera	**boortoring**	[boər·toriŋ]
petroleiro (m)	**tenkskip**	[tɛnk·skip]

areia (f)	**sand**	[sant]
calcário (m)	**kalksteen**	[kalksteən]
cascalho (m)	**gruis**	[χrœis]
turfa (f)	**veengrond**	[feənχront]
argila (f)	**klei**	[klæj]
carvão (m)	**steenkool**	[steən·koəl]

ferro (m)	**yster**	[ajstər]
ouro (m)	**goud**	[χæʊt]
prata (f)	**silwer**	[silwər]
níquel (m)	**nikkel**	[nikkəl]
cobre (m)	**koper**	[kopər]

zinco (m)	**sink**	[sink]
manganês (m)	**mangaan**	[manχān]
mercúrio (m)	**kwik**	[kwik]
chumbo (m)	**lood**	[loət]

mineral (m)	**mineraal**	[minerāl]
cristal (m)	**kristal**	[kristal]
mármore (m)	**marmer**	[marmər]
urânio (m)	**uraan**	[urān]

A Terra. Parte 2

133. Tempo

tempo (m)	weer	[veǝr]
previsão (f) do tempo	weersvoorspelling	[veǝrs·foǝrspɛlliŋ]
temperatura (f)	temperatuur	[temperatɪr]
termômetro (m)	termometer	[termometǝr]
barômetro (m)	barometer	[barometǝr]
úmido (adj)	klam	[klam]
umidade (f)	vogtigheid	[foχtiχæjt]
calor (m)	hitte	[hittǝ]
tórrido (adj)	heet	[heǝt]
está muito calor	dis vrekwarm	[dis frekvarm]
está calor	dit is warm	[dit is varm]
quente (morno)	louwarm	[læʊvarm]
está frio	dis koud	[dis kæʊt]
frio (adj)	koud	[kæʊt]
sol (m)	son	[son]
brilhar (vi)	skyn	[skajn]
de sol, ensolarado	sonnig	[sonnǝχ]
nascer (vi)	opkom	[opkom]
pôr-se (vr)	ondergaan	[ondǝrχãn]
nuvem (f)	wolk	[volk]
nublado (adj)	bewolk	[bevolk]
nuvem (f) preta	reënwolk	[reɛn·wolk]
escuro, cinzento (adj)	somber	[sombǝr]
chuva (f)	reën	[reɛn]
está a chover	dit reën	[dit reɛn]
chuvoso (adj)	reënerig	[reɛnerǝχ]
chuviscar (vi)	motreën	[motreɛn]
chuva (f) torrencial	stortbui	[stortbœi]
aguaceiro (m)	reënvlaag	[reɛn·flãχ]
forte (chuva, etc.)	swaar	[swãr]
poça (f)	poeletjie	[pulǝki]
molhar-se (vr)	nat word	[nat vort]
nevoeiro (m)	mis	[mis]
de nevoeiro	mistig	[mistǝχ]
neve (f)	sneeu	[sniʊ]
está nevando	dit sneeu	[dit sniʊ]

134. Tempo extremo. Catástrofes naturais

trovoada (f)	**donderstorm**	[dondər·storm]
relâmpago (m)	**weerlig**	[veərləχ]
relampejar (vi)	**flits**	[flits]
trovão (m)	**donder**	[dondər]
trovejar (vi)	**donder**	[dondər]
está trovejando	**dit donder**	[dit dondər]
granizo (m)	**hael**	[haəl]
está caindo granizo	**dit hael**	[dit haəl]
inundar (vt)	**oorstroom**	[oərstroəm]
inundação (f)	**oorstroming**	[oərstromiŋ]
terremoto (m)	**aardbewing**	[ārd·beviŋ]
abalo, tremor (m)	**aardskok**	[ārd·skok]
epicentro (m)	**episentrum**	[ɛpisentrum]
erupção (f)	**uitbarsting**	[œitbarstiŋ]
lava (f)	**lawa**	[lava]
tornado (m)	**tornado**	[tornado]
tufão (m)	**tifoon**	[tifoən]
furacão (m)	**orkaan**	[orkān]
tempestade (f)	**storm**	[storm]
tsunami (m)	**tsunami**	[tsunami]
ciclone (m)	**sikloon**	[sikloən]
mau tempo (m)	**slegte weer**	[sleχtə veər]
incêndio (m)	**brand**	[brant]
catástrofe (f)	**ramp**	[ramp]
meteorito (m)	**meteoriet**	[meteorit]
avalanche (f)	**lawine**	[lavinə]
deslizamento (m) de neve	**sneeulawine**	[sniʊ·lavinə]
nevasca (f)	**sneeustorm**	[sniʊ·storm]
tempestade (f) de neve	**sneeustorm**	[sniʊ·storm]

Fauna

135. Mamíferos. Predadores

predador (m)	**roofdier**	[roəf·dir]
tigre (m)	**tier**	[tir]
leão (m)	**leeu**	[liʊ]
lobo (m)	**wolf**	[volf]
raposa (f)	**vos**	[fos]

jaguar (m)	**jaguar**	[jaχuar]
leopardo (m)	**luiperd**	[lœipert]
chita (f)	**jagluiperd**	[jaχ·lœipert]

pantera (f)	**swart luiperd**	[swart lœipert]
puma (m)	**poema**	[puma]
leopardo-das-neves (m)	**sneeuluiperd**	[sniʊ·lœipert]
lince (m)	**los**	[los]

coiote (m)	**prêriewolf**	[præri·volf]
chacal (m)	**jakkals**	[jakkals]
hiena (f)	**hiëna**	[hiɛna]

136. Animais selvagens

animal (m)	**dier**	[dir]
besta (f)	**beest**	[beəst]

esquilo (m)	**eekhoring**	[eəkhoriŋ]
ouriço (m)	**krimpvarkie**	[krimpfarki]
lebre (f)	**hasie**	[hasi]
coelho (m)	**konyn**	[konajn]

texugo (m)	**das**	[das]
guaxinim (m)	**wasbeer**	[vasbeər]
hamster (m)	**hamster**	[hamstər]
marmota (f)	**marmot**	[marmot]

toupeira (f)	**mol**	[mol]
rato (m)	**muis**	[mœis]
ratazana (f)	**rot**	[rot]
morcego (m)	**vlermuis**	[fler·mœis]

arminho (m)	**hermelyn**	[herməlajn]
zibelina (f)	**sabel, sabeldier**	[sabəl], [sabəl·dir]
marta (f)	**marter**	[martər]
doninha (f)	**wesel**	[vesəl]
visom (m)	**nerts**	[nerts]

castor (m)	bewer	[bevər]
lontra (f)	otter	[ottər]

cavalo (m)	perd	[pert]
alce (m)	eland	[ɛlant]
veado (m)	hert	[hert]
camelo (m)	kameel	[kameəl]

bisão (m)	bison	[bison]
auroque (m)	wisent	[visent]
búfalo (m)	buffel	[buffəl]

zebra (f)	sebra, kwagga	[sebra], [kwaχχa]
antílope (m)	wildsbok	[vilds·bok]
corça (f)	reebok	[reəbok]
gamo (m)	damhert	[damhert]
camurça (f)	gems	[χems]
javali (m)	wildevark	[vildə·fark]

baleia (f)	walvis	[valfis]
foca (f)	seehond	[seə·hont]
morsa (f)	walrus	[valrus]
urso-marinho (m)	seebeer	[seə·beər]
golfinho (m)	dolfyn	[dolfajn]

urso (m)	beer	[beər]
urso (m) polar	ysbeer	[ajs·beər]
panda (m)	panda	[panda]

macaco (m)	aap	[āp]
chimpanzé (m)	sjimpansee	[ʃimpaŋseə]
orangotango (m)	orangoetang	[oranχutaŋ]
gorila (m)	gorilla	[χorilla]
macaco (m)	makaak	[makāk]
gibão (m)	gibbon	[χibbon]

elefante (m)	olifant	[olifant]
rinoceronte (m)	renoster	[renostər]
girafa (f)	kameelperd	[kameəl·pert]
hipopótamo (m)	seekoei	[seə·kui]

canguru (m)	kangaroe	[kanχaru]
coala (m)	koala	[koala]

mangusto (m)	muishond	[mœis·hont]
chinchila (f)	chinchilla, tjintjilla	[tʃin·tʃila]
cangambá (f)	stinkmuishond	[stinkmœis·hont]
porco-espinho (m)	ystervark	[ajstər·fark]

137. Animais domésticos

gata (f)	kat	[kat]
gato (m) macho	kater	[katər]
cão (m)	hond	[hont]

cavalo (m)	perd	[pert]
garanhão (m)	hings	[hiŋs]
égua (f)	merrie	[merri]

vaca (f)	koei	[kui]
touro (m)	bul	[bul]
boi (m)	os	[os]

ovelha (f)	skaap	[skãp]
carneiro (m)	ram	[ram]
cabra (f)	bok	[bok]
bode (m)	bokram	[bok·ram]

burro (m)	donkie, esel	[donki], [eisəl]
mula (f)	muil	[mœil]

porco (m)	vark	[fark]
leitão (m)	varkie	[farki]
coelho (m)	konyn	[konajn]

galinha (f)	hoender, hen	[hundər], [hen]
galo (m)	haan	[hãn]

pata (f), pato (m)	eend	[eent]
pato (m)	mannetjieseend	[mannəkis·eent]
ganso (m)	gans	[χaŋs]

peru (m)	kalkoenmannetjie	[kalkun·mannəki]
perua (f)	kalkoen	[kalkun]

animais (m pl) domésticos	huisdiere	[hœis·dirə]
domesticado (adj)	mak	[mak]
domesticar (vt)	mak maak	[mak mãk]
criar (vt)	teel	[teəl]

fazenda (f)	plaas	[plãs]
aves (f pl) domésticas	pluimvee	[plœimfeə]
gado (m)	beeste	[beəstə]
rebanho (m), manada (f)	kudde	[kuddə]

estábulo (m)	stal	[stal]
chiqueiro (m)	varkstal	[fark·stal]
estábulo (m)	koeistal	[kui·stal]
coelheira (f)	konynehok	[konajnə·hok]
galinheiro (m)	hoenderhok	[hundər·hok]

138. Pássaros

pássaro (m), ave (f)	voël	[foɛl]
pombo (m)	duif	[dœif]
pardal (m)	mossie	[mossi]
chapim-real (m)	mees	[meəs]
pega-rabuda (f)	ekster	[ɛkstər]
corvo (m)	raaf	[rãf]

gralha-cinzenta (f)	**kraai**	[krãi]
gralha-de-nuca-cinzenta (f)	**kerkkraai**	[kerk·krãi]
gralha-calva (f)	**roek**	[ruk]
pato (m)	**eend**	[eent]
ganso (m)	**gans**	[χaŋs]
faisão (m)	**fisant**	[fisant]
águia (f)	**arend**	[arɛnt]
açor (m)	**sperwer**	[spɛrwər]
falcão (m)	**valk**	[falk]
abutre (m)	**aasvoël**	[ãsfoɛl]
condor (m)	**kondor**	[kondor]
cisne (m)	**swaan**	[swãn]
grou (m)	**kraanvoël**	[krãn·foɛl]
cegonha (f)	**ooievaar**	[ojefãr]
papagaio (m)	**papegaai**	[papəχãi]
beija-flor (m)	**kolibrie**	[kolibri]
pavão (m)	**pou**	[pæʊ]
avestruz (m)	**volstruis**	[folstrœis]
garça (f)	**reier**	[ræjer]
flamingo (m)	**flamink**	[flamink]
pelicano (m)	**pelikaan**	[pelikãn]
rouxinol (m)	**nagtegaal**	[naχteχãl]
andorinha (f)	**swael**	[swaəl]
tordo-zornal (m)	**lyster**	[lajstər]
tordo-músico (m)	**sanglyster**	[saŋlajstər]
melro-preto (m)	**merel**	[merəl]
andorinhão (m)	**windswael**	[vindswaəl]
cotovia (f)	**lewerik**	[leverik]
codorna (f)	**kwartel**	[kwartəl]
pica-pau (m)	**speg**	[speχ]
cuco (m)	**koekoek**	[kukuk]
coruja (f)	**uil**	[œil]
bufo-real (m)	**ooruil**	[oərœil]
tetraz-grande (m)	**auerhoen**	[ɔuer·hun]
tetraz-lira (m)	**korhoen**	[korhun]
perdiz-cinzenta (f)	**patrys**	[patrajs]
estorninho (m)	**spreeu**	[spriʊ]
canário (m)	**kanarie**	[kanari]
galinha-do-mato (f)	**bonasa hoen**	[bonasa hun]
tentilhão (m)	**gryskoppie**	[χrajskoppi]
dom-fafe (m)	**bloedvink**	[bludfink]
gaivota (f)	**seemeeu**	[seəmiʊ]
albatroz (m)	**albatros**	[albatros]
pinguim (m)	**pikkewyn**	[pikkəvajn]

139. Peixes. Animais marinhos

brema (f)	brasem	[brasem]
carpa (f)	karp	[karp]
perca (f)	baars	[bãrs]
siluro (m)	katvis, seebaber	[katfis], [seə·babər]
lúcio (m)	snoek	[snuk]
salmão (m)	salm	[salm]
esturjão (m)	steur	[støər]
arenque (m)	haring	[hariŋ]
salmão (m) do Atlântico	atlantiese salm	[atlantisə salm]
cavala, sarda (f)	makriel	[makril]
solha (f), linguado (m)	platvis	[platfis]
lúcio perca (m)	varswatersnoek	[farswatər·snuk]
bacalhau (m)	kabeljou	[kabeljæʊ]
atum (m)	tuna	[tuna]
truta (f)	forel	[forəl]
enguia (f)	paling	[paliŋ]
raia (f) elétrica	drilvis	[drilfis]
moreia (f)	bontpaling	[bontpaliŋ]
piranha (f)	piranha	[piranha]
tubarão (m)	haai	[hãi]
golfinho (m)	dolfyn	[dolfajn]
baleia (f)	walvis	[valfis]
caranguejo (m)	krap	[krap]
água-viva (f)	jellievis	[jelli·fis]
polvo (m)	seekat	[seə·kat]
estrela-do-mar (f)	seester	[seə·stər]
ouriço-do-mar (m)	see-egel, seekastaiing	[seə-eχel], [seə·kastajiŋ]
cavalo-marinho (m)	seeperdjie	[seə·perdʒi]
ostra (f)	oester	[ustər]
camarão (m)	garnaal	[χarnãl]
lagosta (f)	kreef	[kreəf]
lagosta (f)	seekreef	[seə·kreəf]

140. Anfíbios. Répteis

cobra (f)	slang	[slaŋ]
venenoso (adj)	giftig	[χiftəχ]
víbora (f)	adder	[addər]
naja (f)	kobra	[kobra]
píton (m)	luislang	[lœislaŋ]
jiboia (f)	boa, konstriktorslang	[boa], [kɔŋstriktor·slaŋ]
cobra-de-água (f)	ringslang	[riŋ·slaŋ]

cascavel (f)	ratelslang	[ratəl·slaŋ]
anaconda (f)	anakonda	[anakonda]
lagarto (m)	akkedis	[akkedis]
iguana (f)	leguaan	[leχuãn]
varano (m)	likkewaan	[likkevãn]
salamandra (f)	salamander	[salamandər]
camaleão (m)	verkleurmannetjie	[ferkløər·manneki]
escorpião (m)	skerpioen	[skerpiun]
tartaruga (f)	skilpad	[skilpat]
rã (f)	padda	[padda]
sapo (m)	brulpadda	[brul·padda]
crocodilo (m)	krokodil	[krokodil]

141. Insetos

inseto (m)	insek	[insek]
borboleta (f)	skoenlapper	[skunlappər]
formiga (f)	mier	[mir]
mosca (f)	vlieg	[fliχ]
mosquito (m)	muskiet	[muskit]
escaravelho (m)	kewer	[kevər]
vespa (f)	perdeby	[perdə·baj]
abelha (f)	by	[baj]
mamangaba (f)	hommelby	[homməl·baj]
moscardo (m)	perdevlieg	[perdə·fliχ]
aranha (f)	spinnekop	[spinnə·kop]
teia (f) de aranha	spinnerak	[spinnə·rak]
libélula (f)	naaldekoker	[nāldə·kokər]
gafanhoto (m)	sprinkaan	[sprinkãn]
traça (f)	mot	[mot]
barata (f)	kakkerlak	[kakkerlak]
carrapato (m)	bosluis	[boslœis]
pulga (f)	vlooi	[floj]
borrachudo (m)	muggie	[muχχi]
gafanhoto (m)	treksprinkhaan	[trek·sprinkhãn]
caracol (m)	slak	[slak]
grilo (m)	kriek	[krik]
pirilampo, vaga-lume (m)	vuurvliegie	[fɪrfliχi]
joaninha (f)	lieweheersbesie	[liveheərs·besi]
besouro (m)	lentekewer	[lentekevər]
sanguessuga (f)	bloedsuier	[blud·sœiər]
lagarta (f)	ruspe	[ruspə]
minhoca (f)	erdwurm	[ɛrd·vurm]
larva (f)	larwe	[larvə]

Flora

142. Árvores

árvore (f)	boom	[boəm]
decídua (adj)	bladwisselend	[bladwisselent]
conífera (adj)	kegeldraend	[keχɛldraent]
perene (adj)	immergroen	[immərχrun]
macieira (f)	appelboom	[appɛl·boəm]
pereira (f)	peerboom	[peər·boəm]
cerejeira (f)	soetkersieboom	[sutkersi·boəm]
ginjeira (f)	suurkersieboom	[sɪrkersi·boəm]
ameixeira (f)	pruimeboom	[prœimə·boəm]
bétula (f)	berk	[berk]
carvalho (m)	eik	[æjk]
tília (f)	lindeboom	[lində·boəm]
choupo-tremedor (m)	trilpopulier	[trilpopulir]
bordo (m)	esdoring	[ɛsdoriŋ]
espruce (m)	spar	[spar]
pinheiro (m)	denneboom	[dɛnnə·boəm]
alerce, lariço (m)	lorkeboom	[lorkə·boəm]
abeto (m)	den	[den]
cedro (m)	seder	[sedər]
choupo, álamo (m)	populier	[populir]
tramazeira (f)	lysterbessie	[lajstərbɛssi]
salgueiro (m)	wilger	[vilχər]
amieiro (m)	els	[ɛls]
faia (f)	beuk	[bøək]
ulmeiro, olmo (m)	olm	[olm]
freixo (m)	esboom	[ɛs·boəm]
castanheiro (m)	kastaiing	[kastajiŋ]
magnólia (f)	magnolia	[maχnolia]
palmeira (f)	palm	[palm]
cipreste (m)	sipres	[sipres]
mangue (m)	wortelboom	[vortəl·boəm]
embondeiro, baobá (m)	kremetart	[kremetart]
eucalipto (m)	bloekom	[blukom]
sequoia (f)	mammoetboom	[mammut·boəm]

143. Arbustos

arbusto (m)	struik	[strœik]
arbusto (m), moita (f)	bossie	[bossi]

videira (f)	**wingerdstok**	[viŋərd·stok]
vinhedo (m)	**wingerd**	[viŋərt]
framboeseira (f)	**framboosstruik**	[frambɔəs·strœik]
groselheira-negra (f)	**swartbessiestruik**	[swartbɛssi·strœik]
groselheira-vermelha (f)	**rooi aalbessiestruik**	[roj ālbɛssi·strœik]
groselheira (f) espinhosa	**appelliefiestruik**	[appɛllifi·strœik]
acácia (f)	**akasia**	[akasia]
bérberis (f)	**suurbessie**	[sɪr·bɛssi]
jasmim (m)	**jasmyn**	[jasmajn]
junípero (m)	**jenewer**	[jenevər]
roseira (f)	**roosstruik**	[rɔəs·strœik]
roseira (f) brava	**hondsroos**	[honds·rɔəs]

144. Frutos. Bagas

fruta (f)	**vrug**	[fruχ]
frutas (f pl)	**vrugte**	[fruχtə]
maçã (f)	**appel**	[appəl]
pera (f)	**peer**	[peər]
ameixa (f)	**pruim**	[prœim]
morango (m)	**aarbei**	[ārbæj]
ginja (f)	**suurkersie**	[sɪr·kersi]
cereja (f)	**soetkersie**	[sut·kersi]
uva (f)	**druif**	[drœif]
framboesa (f)	**framboos**	[frambɔəs]
groselha (f) negra	**swartbessie**	[swartbɛssi]
groselha (f) vermelha	**rooi aalbessie**	[roj ālbɛssi]
groselha (f) espinhosa	**appelliefie**	[appɛllifi]
oxicoco (m)	**bosbessie**	[bosbɛssi]
laranja (f)	**lemoen**	[lemun]
tangerina (f)	**nartjie**	[narki]
abacaxi (m)	**pynappel**	[pajnappəl]
banana (f)	**piesang**	[pisaŋ]
tâmara (f)	**dadel**	[dadəl]
limão (m)	**suurlemoen**	[sɪr·lemun]
damasco (m)	**appelkoos**	[appɛlkɔəs]
pêssego (m)	**perske**	[perskə]
quiuí (m)	**kiwi, kiwivrug**	[kivi], [kivi·fruχ]
toranja (f)	**pomelo**	[pomelo]
baga (f)	**bessie**	[bɛssi]
bagas (f pl)	**bessies**	[bɛssis]
arando (m) vermelho	**pryselbessie**	[prajsɛlbɛssi]
morango-silvestre (m)	**wilde aarbei**	[vildə ārbæj]
mirtilo (m)	**bloubessie**	[blæubɛssi]

145. Flores. Plantas

flor (f)	blom	[blom]
buquê (m) de flores	boeket	[buket]
rosa (f)	roos	[roəs]
tulipa (f)	tulp	[tulp]
cravo (m)	angelier	[anχəlir]
gladíolo (m)	swaardlelie	[swārd·leli]
centáurea (f)	koringblom	[koriŋblom]
campainha (f)	grasklokkie	[χras·klokki]
dente-de-leão (m)	perdeblom	[perdə·blom]
camomila (f)	kamille	[kamillə]
aloé (m)	aalwyn	[ālwajn]
cacto (m)	kaktus	[kaktus]
fícus (m)	rubberplant	[rubbər·plant]
lírio (m)	lelie	[leli]
gerânio (m)	malva	[malfa]
jacinto (m)	hiasint	[hiasint]
mimosa (f)	mimosa	[mimosa]
narciso (m)	narsing	[narsiŋ]
capuchinha (f)	kappertjie	[kapperki]
orquídea (f)	orgidee	[orχideə]
peônia (f)	pinksterroos	[pinkstər·roəs]
violeta (f)	viooltjie	[fioəlki]
amor-perfeito (m)	gesiggie	[χesiχi]
não-me-esqueças (m)	vergeet-my-nietjie	[ferχeət-maj-niki]
margarida (f)	madeliefie	[madelifi]
papoula (f)	papawer	[papavər]
cânhamo (m)	hennep	[hɛnnəp]
hortelã, menta (f)	kruisement	[krœisəment]
lírio-do-vale (m)	dallelie	[dalleli]
campânula-branca (f)	sneeuklokkie	[sniʊ·klokki]
urtiga (f)	brandnetel	[brant·netəl]
azedinha (f)	veldsuring	[fɛltsuriŋ]
nenúfar (m)	waterlelie	[vatər·leli]
samambaia (f)	varing	[fariŋ]
líquen (m)	korsmos	[korsmos]
estufa (f)	broeikas	[bruikas]
gramado (m)	grasperk	[χras·perk]
canteiro (m) de flores	blombed	[blom·bet]
planta (f)	plant	[plant]
grama (f)	gras	[χras]
folha (f) de grama	grasspriet	[χras·sprit]

folha (f)	blaar	[blãr]
pétala (f)	kroonblaar	[kroən·blãr]
talo (m)	stingel	[stiŋəl]
tubérculo (m)	knol	[knol]

| broto, rebento (m) | saailing | [sãjliŋ] |
| espinho (m) | doring | [doriŋ] |

florescer (vi)	bloei	[blui]
murchar (vi)	verlep	[ferlep]
cheiro (m)	reuk	[røək]
cortar (flores)	sny	[snaj]
colher (uma flor)	pluk	[pluk]

146. Cereais, grãos

grão (m)	graan	[χrãn]
cereais (plantas)	graangewasse	[χrãn·χəwassə]
espiga (f)	aar	[ãr]

trigo (m)	koring	[koriŋ]
centeio (m)	rog	[roχ]
aveia (f)	hawer	[havər]
painço (m)	gierst	[χirst]
cevada (f)	gars	[χars]

milho (m)	mielie	[mili]
arroz (m)	rys	[rajs]
trigo-sarraceno (m)	bokwiet	[bokwit]

ervilha (f)	ertjie	[ɛrki]
feijão (m) roxo	nierboon	[nir·boən]
soja (f)	soja	[soja]
lentilha (f)	lensie	[lɛŋsi]
feijão (m)	boontjies	[boənkis]

PAÍSES. NACIONALIDADES

147. Europa Ocidental

Europa (f)	Europa	[øəropa]
União (f) Europeia	Europese Unie	[øəropesə uni]
Áustria (f)	Oostenryk	[oəstenrajk]
Grã-Bretanha (f)	Groot-Brittanje	[χroət-brittanje]
Inglaterra (f)	Engeland	[ɛŋəlant]
Bélgica (f)	België	[belχiɛ]
Alemanha (f)	Duitsland	[dœitslant]
Países Baixos (m pl)	Nederland	[nedərlant]
Holanda (f)	Holland	[hollant]
Grécia (f)	Griekeland	[χrikəlant]
Dinamarca (f)	Denemarke	[denemarkə]
Irlanda (f)	Ierland	[irlant]
Islândia (f)	Ysland	[ajslant]
Espanha (f)	Spanje	[spanje]
Itália (f)	Italië	[italiɛ]
Chipre (m)	Ciprus	[siprus]
Malta (f)	Malta	[malta]
Noruega (f)	Noorweë	[noərweɛ]
Portugal (m)	Portugal	[portuχal]
Finlândia (f)	Finland	[finlant]
França (f)	Frankryk	[frankrajk]
Suécia (f)	Swede	[swedə]
Suíça (f)	Switserland	[switsərlant]
Escócia (f)	Skotland	[skotlant]
Vaticano (m)	Vatikaan	[fatikãn]
Liechtenstein (m)	Lichtenstein	[liχtɛŋstejn]
Luxemburgo (m)	Luksemburg	[luksemburχ]
Mônaco (m)	Monako	[monako]

148. Europa Central e de Leste

Albânia (f)	Albanië	[albaniɛ]
Bulgária (f)	Bulgarye	[bulχaraje]
Hungria (f)	Hongarye	[honχaraje]
Letônia (f)	Letland	[letlant]
Lituânia (f)	Litoue	[litæuə]
Polônia (f)	Pole	[polə]

Romênia (f)	Roemenië	[rumeniɛ]
Sérvia (f)	Serwië	[serwiɛ]
Eslováquia (f)	Slowakye	[slovakaje]
Croácia (f)	Kroasië	[kroasiɛ]
República (f) Checa	Tjeggië	[ʧeχiɛ]
Estônia (f)	Estland	[ɛstlant]
Bósnia e Herzegovina (f)	Bosnië & Herzegowina	[bosniɛ en hersegovina]
Macedônia (f)	Masedonië	[masedoniɛ]
Eslovênia (f)	Slovenië	[slofeniɛ]
Montenegro (m)	Montenegro	[montənegro]

149. Países da ex-URSS

Azerbaijão (m)	Azerbeidjan	[azerbæjdjan]
Armênia (f)	Armenië	[armeniɛ]
Belarus	Belarus	[belarus]
Geórgia (f)	Georgië	[χeorχiɛ]
Cazaquistão (m)	Kazakstan	[kasakstan]
Quirguistão (m)	Kirgisië	[kirχisiɛ]
Moldávia (f)	Moldawië	[moldaviɛ]
Rússia (f)	Rusland	[ruslant]
Ucrânia (f)	Oekraïne	[ukraïnə]
Tajiquistão (m)	Tadjikistan	[tadʒikistan]
Turquemenistão (m)	Turkmenistan	[turkmenistan]
Uzbequistão (f)	Oezbekistan	[uzbekistan]

150. Asia

Ásia (f)	Asië	[asiɛ]
Vietnã (m)	Viëtnam	[viɛtnam]
Índia (f)	Indië	[indiɛ]
Israel (m)	Israel	[israəl]
China (f)	Sjina	[ʃina]
Líbano (m)	Libanon	[libanon]
Mongólia (f)	Mongolië	[monχoliɛ]
Malásia (f)	Maleisië	[malæjsiɛ]
Paquistão (m)	Pakistan	[pakistan]
Arábia (f) Saudita	Saoedi-Arabië	[saudi-arabiɛ]
Tailândia (f)	Thailand	[tajlant]
Taiwan (m)	Taiwan	[tajvan]
Turquia (f)	Turkye	[turkaje]
Japão (m)	Japan	[japan]
Afeganistão (m)	Afghanistan	[afχanistan]
Bangladesh (m)	Bangladesj	[bangladeʃ]

| Indonésia (f) | Indonesië | [indonesiɛ] |
| Jordânia (f) | Jordanië | [jordaniɛ] |

Iraque (m)	Irak	[irak]
Irã (m)	Iran	[iran]
Camboja (f)	Kambodja	[kambodja]
Kuwait (m)	Kuwait	[kuvajt]

Laos (m)	Laos	[laos]
Birmânia (f)	Myanmar	[mjanmar]
Nepal (m)	Nepal	[nepal]
Emirados Árabes Unidos	Verenigde Arabiese Emirate	[fereniχdə arabisə emiratə]

| Síria (f) | Sirië | [siriɛ] |
| Palestina (f) | Palestina | [palestina] |

| Coreia (f) do Sul | Suid-Korea | [sœid-korea] |
| Coreia (f) do Norte | Noord-Korea | [noərd-korea] |

151. América do Norte

Estados Unidos da América	Verenigde State van Amerika	[fereniχdə statə fan amerika]
Canadá (m)	Kanada	[kanada]
México (m)	Meksiko	[meksiko]

152. América Central do Sul

Argentina (f)	Argentinië	[arχentiniɛ]
Brasil (m)	Brasilië	[brasiliɛ]
Colômbia (f)	Colombia, Kolombië	[kolombia], [kolombiɛ]

| Cuba (f) | Kuba | [kuba] |
| Chile (m) | Chili | [tʃili] |

| Bolívia (f) | Bolivië | [boliviɛ] |
| Venezuela (f) | Venezuela | [fenesuela] |

| Paraguai (m) | Paraguay | [paragwaj] |
| Peru (m) | Peru | [peru] |

Suriname (m)	Suriname	[surinamə]
Uruguai (m)	Uruguay	[urugwaj]
Equador (m)	Ecuador	[ɛkuador]

| Bahamas (f pl) | die Bahamas | [di bahamas] |
| Haiti (m) | Haïti | [haïti] |

República Dominicana	Dominikaanse Republiek	[dominikãŋsə republik]
Panamá (m)	Panama	[panama]
Jamaica (f)	Jamaika	[jamajka]

153. Africa

Egito (m)	Egipte	[εχiptə]
Marrocos	Marokko	[marokko]
Tunísia (f)	Tunisië	[tunisiε]
Gana (f)	Ghana	[χana]
Zanzibar (m)	Zanzibar	[zanzibar]
Quênia (f)	Kenia	[kenia]
Líbia (f)	Libië	[libiε]
Madagascar (m)	Madagaskar	[madaχaskar]
Namíbia (f)	Namibië	[namibiε]
Senegal (m)	Senegal	[seneχal]
Tanzânia (f)	Tanzanië	[tansaniε]
África (f) do Sul	Suid-Afrika	[sœid-afrika]

154. Austrália. Oceania

Austrália (f)	Australië	[ɔustraliε]
Nova Zelândia (f)	Nieu-Seeland	[niu-seəlant]
Tasmânia (f)	Tasmanië	[tasmaniε]
Polinésia (f) Francesa	Frans-Polinesië	[fraŋs-polinesiε]

155. Cidades

Amesterdã, Amsterdã	Amsterdam	[amsterdam]
Ancara	Ankara	[ankara]
Atenas	Athene	[atenə]
Bagdade	Bagdad	[baχdat]
Bancoque	Bangkok	[baŋkok]
Barcelona	Barcelona	[barselona]
Beirute	Beiroet	[bæjrut]
Berlim	Berlyn	[berlæjn]
Bonn	Bonn	[bonn]
Bordéus	Bordeaux	[bordo:]
Bratislava	Bratislava	[bratislava]
Bruxelas	Brussel	[brussəl]
Bucareste	Boekarest	[bukarest]
Budapeste	Boedapest	[budapest]
Cairo	Cairo	[kajro]
Calcutá	Kalkutta	[kalkutta]
Chicago	Chicago	[ʃikago]
Cidade do México	Meksiko Stad	[meksiko stat]
Copenhague	Kopenhagen	[kopənχagen]
Dar es Salaam	Dar-es-Salaam	[dar-es-salām]
Deli	Delhi	[deli]

Dubai	**Dubai**	[dubaj]
Dublim	**Dublin**	[dablin]
Düsseldorf	**Dusseldorf**	[dussɛldorf]
Estocolmo	**Stockholm**	[stokχolm]
Florença	**Florence**	[florɛŋs]
Frankfurt	**Frankfurt**	[frankfurt]
Genebra	**Genève**	[dʒənɛ:v]
Haia	**Den Haag**	[den hãχ]
Hamburgo	**Hamburg**	[hamburχ]
Hanói	**Hanoi**	[hanoj]
Havana	**Havana**	[havana]
Helsinque	**Helsinki**	[hɛlsinki]
Hiroshima	**Hiroshima**	[hiroʃima]
Hong Kong	**Hongkong**	[hoŋkoŋ]
Istambul	**Istanbul**	[istanbul]
Jerusalém	**Jerusalem**	[jerusalem]
Kiev, Quieve	**Kiëf**	[kiɛf]
Kuala Lumpur	**Kuala Lumpur**	[kuala lumpur]
Lion	**Lyon**	[lioŋ]
Lisboa	**Lissabon**	[lissabon]
Londres	**Londen**	[londen]
Los Angeles	**Los Angeles**	[los andʒeles]
Madrid	**Madrid**	[madrit]
Marselha	**Marseille**	[marsæj]
Miami	**Miami**	[majami]
Montreal	**Montreal**	[montreal]
Moscou	**Moskou**	[moskæʊ]
Mumbai	**Moembai**	[mumbaj]
Munique	**München**	[mønchen]
Nairóbi	**Nairobi**	[najrobi]
Nápoles	**Napels**	[napɛls]
Nice	**Nice**	[nis]
Nova York	**New York**	[nju jork]
Oslo	**Oslo**	[oslo]
Ottawa	**Ottawa**	[ottava]
Paris	**Parys**	[parajs]
Pequim	**Beijing**	[bæjdʒiŋ]
Praga	**Praag**	[prãχ]
Rio de Janeiro	**Rio de Janeiro**	[rio də janæjro]
Roma	**Rome**	[romə]
São Petersburgo	**Sint-Petersburg**	[sint-petersburg]
Seul	**Seoel**	[seul]
Singapura	**Singapore**	[singaporə]
Sydney	**Sydney**	[sidni]
Taipé	**Taipei**	[tæjpæj]
Tóquio	**Tokio**	[tokio]
Toronto	**Toronto**	[toronto]
Varsóvia	**Warskou**	[varskæʊ]

Veneza	**Venesië**	[fenesiɛ]
Viena	**Wene**	[venə]
Washington	**Washington**	[vaʃington]
Xangai	**Shanghai**	[ʃangaj]

www.ingramcontent.com/pod-product-compliance
Lightning Source LLC
LaVergne TN
LVHW051741080426
835511LV00018B/3172